달팽이가
코끼리를
옮기다

그녀에게서 오는 전화는 연인도 아닌데 가슴을 설레게 한다.

"소장님, 있잖아요, 통화돼요?" 그녀의 매번 똑같은 전화 멘트는 사람을 집중하게 만든다. 오늘은 뭔 이야기를 할까 하는 궁금증과 함께 기대되고 기분 좋은 긴장감도 불러일으킨다. 40대 중반의 적당히 낮은 아줌마의 소리가 아닌 톡톡 튀는 솔 톤의 목소리가 한몫하지만, 전화기 너머로 들려오는 신나고 재미있는 이야기가 청산유수처럼 흘러간다.

집중력이 초등학교 1학년 정도 수준인 나는 매번 그녀가 하는 이야기에 혼을 뺏긴다. 가끔씩 내가 이렇게 집중을 잘 했는가 싶어 놀랄 때도 있다. 그녀의 이야기는 늘 새롭고 거침이 없으며, 특별하다. 누군가를 흠집 내는, 에너지를 빼앗는 수다가 아닌 건설적이고 창의적이며 긍정적이고 미래지향적인, 그러면서도 서로를 연결시켜 주는 이상적인 수다다.

그녀와의 통화는 늘 "만나서 자세하게 이야기 더 듣고 싶어!"라는 식상한 말로 마무리된다. 그렇게 대화를 나누고도 '그래서 어떻게 되는지? 도전은 해봤는지? 사람들의 반응은 어떤지?' 물음표가 계속 남아 있어 호기심이 생긴다. 그녀의 이야기가 기다려지는 이유다.

천부적인 이야기꾼인 그녀가 이번에는 작가에 도전했다. 늦은 도전일 수도 있지만, 다행히 그녀를 알아보고 책으로 나온다니 글을 통해 정말 많은 사람에게 좋은 기회를 주는 것 같아 감사한 일이다. 어떤 이는 세상모르는 아주 순진한 여자의 무모한 도전으로 치부할 수 있겠지만, 그녀를 제대로 아는 사람이라면 그 책이 궁금해지고 얼른 세상에 나오기를 기대할 것 같다. 왜냐하면 그녀는 특별한 사람이니까.

그녀는 여전히 자신의 꿈을 찾아 묵묵히 걸어가는 작은 한 사람이다. 자신의 성공만을 바라는 꿈쟁이가 아닌 서로를 연결시켜, 꿈꾸는 사람이 가고자 하는 곳으로 무사히 갈 수 있게 도와주는 꿈 멘토다. 사람과 사람을 만나게 하고 연결해주는 다양한 경험들이 생생하게 살아있는 이 책은 당신이 원하는 길을 누구보다 잘 안내할 것이다. 그것은 바로 꿈멘토, 한미라이기에 가능하다. 그녀의 수다를 일부러, 작정해서 한번 들어보자. 그녀의 긍정적이고 선한 에너지를 지면으로나마 전달받아 나로서의 색깔을 찾아보길 권한다. 늦은 것은 없다. 지금부터 함께하면 된다. 기분 좋게 시작할 때다.

다 함께 살아가는 세상을 꿈꾸는 평생교육사

김지영

사람들의 인생은 다양한 관계와 상황들 속에서 펼쳐진다. 그 관계들은 때로는 우리에게 행복을 주기도 하지만, 때로는 상처와 아픔을 주기도 한다. 누구나 행복하게 살고 싶다는 간절한 바람을 갖고 있지만, 모든 사람이 그 행복을 동일하게 누리지는 못한다.

작가는 그러한 인간들의 관계와 인생의 다양한 순간들을 관찰하고, 그것들을 표현하는 데에 그의 에너지를 쏟는다. 그의 작품 속에서 우리는 자기 자신을 발견하기도 한다. 그리고 그 속에서 우리는 위안과 희망, 그리고 감동을 받기도 한다.

연꽃은 그 자체로 아름답지만, 그 뒤에 숨겨진 의미는 더욱 깊다. 연꽃은 더럽고 진흙투성이의 연못에서 자라지만, 그럼에도 불구하고 꽃잎을 피우고 세상의 아름다움을 보여준다. 연꽃은 진흙 속에서도 아름다움을 찾아내는 것처럼, 사람들도 어려운 환경과 상황 속에서도 아름다운 순간과 감동을 찾아낼 수 있다는 것을 상징한다.

작가는 그러한 연꽃처럼 사람들에게 에너지와 희망을 주려고 노력한다. 그의 작품 속에서 우리는 삶의 아픔과 기쁨, 그리고 인간관계의 복잡함을 경험하게 된다. 그 과정에서 우리는 더 깊은 사유와 반성의 시간을 갖게 되며, 그것이 바로 한미라 작가의 힘이다.

이 작품은 단순한 글의 나열을 넘어서, 그의 인생 여정과 깊은 사색, 그리고 그를 통한 자아발견의 과정을 우리에게 선사한다. 그가 일본 공모전에서 느낀 경험부터 평생교육의 중요성, 그리고 글쓰기의 가치까지, 그의 경험과 생각은 우리에게 삶의 여러 측면에서의 깊은 통찰을 제공한다.

한미라 작가의 이 작품을 읽으면서, 우리는 모두 그의 삶의 경험과 그를 통한 깊은 사유를 함께 공유하게 된다. 이 작품을 통해 우리는 자신의 삶을 더욱 깊게 이해하고, 그 속에 담긴 작은 행복과 큰 의미를 발견할 수 있을 것이다. 감동과 공감, 그리고 삶에 대한 깊은 사유를 원하는 모든 이들에게 이 작품을 진심으로 추천한다.

주식회사 디엠스튜디오 대표

권오준

나는 미루기쟁이다. 어릴 때 생활계획표를 짜서 한 번도 성공해 본 적이 없다. 그럴 때마다 내게 이런 말을 했다. '그럴 줄 알았어. 넌 뭐 제대로 하는 게 없어.' 스스로 자책하면서 나를 탓했다. 늘 자신감이 없으니 사람들 앞에서 내 생각을 표현한다는 것은 정말 쥐구멍에 들어 갈 정도로 엄청 부끄럽고 힘든 일이었다.

부모님은 첫째인 나에 대한 기대가 컸다. 그만큼 실망도 컸다. 항상 둘째와 비교되던 내 모습은 늘 초라한 기억이다. 유년 시절의 나는 소 심한 아이였다. 공부에 관심이 없고 늘 친구들과 노는 것을 좋아하는 지극히 평범한 소녀였지만 내면에는 어둡고 상처 많은 아이였다. 그런 아이도 좋아하는 행동은 꾸준히 했다. 만화 따라 그리기, 낙서, 작은 메모지 만들기 등 지금 생각해보니 난 뭔가를 만들고 그것을 사람들에 게 주는 것을 좋아했다.

그런 작고 어린 소녀가 현재는 많은 사람 앞에서 당당하게 강의하는 강 사가 되었다. 처음부터 순탄하게 강사가 될 수 있었던 건 아니다. 여러 가 지 과정을 경험하고 나 스스로 행동에 반응하고 꾸준히 천천히 반복된 연습이 있었기에 가능했다. 그것이 바로 나에 대한 강한 몰입이다.
무언가를 월등히 잘한다고 해도 지속성으로 이어지는 것은 아니다. 한곳에 머물러 있으면 안 된다. 무엇인가 꾸준히 자신 일에 조금씩 확장해 가는 훈련이 중요하다. 난 경리에서 현재 장애·노동 인권 강사가 되었다. 그사이에 수많은 배움과 수료 과정이 있었기에 가능한 일이다. 장애아이를 둔 엄마라는 상황은 나에게 큰 걸림돌이 될 수 없다. 그래서 독자들은 더 가능할 수 있는 일이다.

　누구나 자신에게 장애물은 있다. 그렇다고 자신만의 꿈을 가질 수 없는 것은 아니다. 꿈은 자신의 정체성, 가치, 가능성을 높여주는 아주 중요한 매개체다. 그리고 젊음을 유지해주는 비밀의 약이다. 정신적, 신체적 열정은 꿈과도 연관성이 높다. 그래서 꿈을 제대로 알기 위해 자신이 뭘 좋아하는지 뭘 원하는지를 알아야 한다. 이제 조금씩 자신에 대해 탐색하고 연구하자.
　오늘 하루 나의 감정은 어땠는지 체크해보자.

　그리고 앞으로 내가 원하는 모습을 머릿속으로 상상해보고 직접 글로 작성해보자. 이런 작업을 매일 매일 하지 않더라도 그런 마음만 먹고 행동을 조금씩 표현한다면 시간에 상관없이 곧 현실로 다가온다. 그러기에 나의 감정과 원하는 일을 살펴보아야 한다. 마음이 편해야 편한 일이 생긴다. 요즘 코로나로 사람들은 많이 위축되고 활동에 제약이 많다. 이럴 때 우리는 더 많은 꿈을 가져야 한다. 왜냐하면 나를 위해서다.

꿈은 눈에 보이지 않지만, 자신에게 무한한 에너지를 제공한다. 마음 에너지, 신체 에너지, 관계 에너지, 환경 에너지 등 긍정의 힘을 발휘할 수 있도록 디딤돌 역할을 해준다. 대인관계에서도 꿈은 많은 역할을 제공해준다. 서로 좋은 반향을 일으키고 새로운 일을 이어주기도 하며, 지금 하는 일을 더 확장해주기도 한다. 그래서 꿈은 자신에 향한 짧은 몰입으로부터 시작한다.

몰입은 우리가 흔히 사용하지만 잘 의식하지 않는 단어다. 그러나 의미를 아는 순간 자생력을 갖게 된다. 그리고 의식 속에서 발생한 엄청난 에너지가 주변인까지 불러일으킨다. 자신의 목소리와 손끝에서 얻는 정보가 뇌의 뉴런을 자극하는 과정을 거쳐 행동으로 이끄는 것이 몰입이다. 그래서 그 짧은 시간에도 당신의 잠들어 있던 뇌에 잠재력을 깨우는 데 아주 중요한 시작점이 된다.

이것이 바로 생각하는 몰입의 힘이다. 마음으로 느끼고 생각하고 몸으로 실천하고 행동으로 이어질 때 생각하는 반응은 계속 일어난다. 그래서 반응을 일으킬 수 있는 오감(감각)과 선택할 수 있는 능력을 키우는 것이 이 책의 핵심이다. 독자들이 이 책을 통해 작은 상황에서도 반응(주변 상황인식)을 알아차리고 표현(행동)할 수 있으면 곧 자신에게 어떤 변화가 일어났음을 알아차리게 된다.

한미라

Contents

자신의 힘듦은 어디에서 시작할까?
삶을 살아가는데
좋은 상황이든 나쁜상황이든
늘 놓여 있고 선택한다.
그럴때 마다
자신을 먼저 생각하고 집중한다
그 집중은 바로
자신의 중요이다.

제1장

달팽이의 꿈은 성장한다

Renize

고향을 귀히 여기는 것이 나를 귀히 여기는 것이다

　내면에 담긴 힘은 어디에서 시작할까? 삶을 살아가면서 좋든 나쁘든 상황은 늘 놓여 있고 선택해야 한다. 그럴 때마다 당신은 무엇을 선택하는가? 그 선택의 힘은 바로 자신의 중심에서부터 나온다. 그렇다면 그 중심은 무엇일까? 그 중심은 자기 자신만을 위한 생각이다. 자기 자신이란 아주 갓난아기 때 시작되는 마음이다. 그것이 바로 자신이 태어난 고향이다. 지금 당신의 삶을 좌지우지하는 그 마음의 고향, 그 고향에 대해 나의 이야기로 시작하려 한다.

　나의 고향은 강원도 원주다. 하지만 여러 가지 사정으로 부모님은 돈을 벌기 위해 내가 3살 때 울산에 터를 잡으셨다. 이제 울산은 제2의 고향이 되었다. 비록 울산에 살고 있지만, 부모님은 항상 시간이 되시면 고향을 찾아가셨다. 우리 세 남매는 어릴 때 방학 내내 그곳에서 시골 생활을 했다.

어릴 때 원주에 가면 친척 어르신들이 울산 큰아기 왔냐고 웃으면서 맞이한 기억이 난다. 그때는 국민학교라 했다. 국민학교 때 여름, 겨울 방학만 되면 엄마는 혼자 세 남매를 데리고 통일호 새벽 기차에 몸을 구겨 실었다. 그때만 해도 교통편이 좋지 않아 기차를 타는 사람들이 많았다. 좌석을 구하지 못하면 입석이라도 사서 새벽 내내 달리는 기차 안에 서서 가야 할 정도였다.

그래도 우리 세 남매는 기차를 타는 것을 무척 좋아했다. 기차 안에서 먹었던 삶은 계란과 사이다 그리고 소시지는 지금도 생각만으로 입안에 군침을 돌게 한다. 기차간에 매점 리어카가 지나가면 눈이 빠지게 쳐다본 기익이 난다. 좌석을 못 구할 때는 좌석과 좌석 사이에 아주 좁은 칸 안에 엄마가 나를 넣어주었다. 그때 체구가 작아 가능했던 것 같다. 생각해보면 엄마는 무척이나 억척스러운 사람이었다. 그래도 그 때는 우리를 좀 더 편하게 앉게 해주고 싶은 마음이 아니었을까 싶다.

재작년에 90세를 못 넘기고 돌아가신 외할머니를 떠올리면 눈시울이 뜨거워진다. 아직 살아계실 것만 같은 마음이다. 내가 첫 외손녀라 어릴 때 많이 이뻐해 주셨는데 외할머니에게 친근하게 다가가지 못했다. 그러나 외할머니는 늘 나를 걱정하시다 끝내 돌아가셨다. 돌아가시기 1년 전 외할머니가 요양원에 있을 때 얘기다. 외할머니는 친정엄마에게 이런 말씀을 하셨다.

작은 목소리로,

"은희가 걱정이야. 아직도 은희 큰딸이 낫지 않으니 걱정이다. 말이라도 하면 좋으련만 아직 걷지도 못하고 은희가 걱정이다."

고관절을 다친 외할머니가 요양병원에 계시다 요양원으로 옮긴 지 얼마 안 된 날이었다. 나를 보고 아주 이뻐졌다 하시면서도 눈빛에는 걱정이 어려 있었다. 내 눈에서 뜨거운 눈물이 흘렀다. 외할머니에게 씩씩한 모습을 보여주고 싶었는데 끝내 난 울고 말았다. 사실 난 눈물이 많은 편이라 감정을 추스르는 데 쉽지는 않았다. '지금 외할머니께서 하늘에서 나를 지켜보고 계시겠지. 그리고 걱정하고 계실 거야.' 여기서 잠깐, 외할머니가 말한 은희는 내가 맞다. 나의 이름은 미라, 은희 두 개이다. 고향 분들은 은희로 알고 계신다. 이름이 두 개인 이유는 미스터리로 남아있다.

여름방학 때 외갓집에 가면 바로 시냇가에 가서 수영도 하고 달팽이도 잡고 시원한 수박과 참외 그리고 자두나무에서 자두도 따서 바로 먹고 놀았다. 늦은 밤에는 손전등을 비춰가며 감나무에 앉은 참새를 잡아 구워 먹기도 했다. 외갓집에서 나는 시골 생활을 제대로 체험했다. 겨울방학 때는 짚단을 세워 집도 만들고 추운 날씨에 언 논두렁을 삽으로 파서 겨울잠 자는 개구리를 잡아 장작불에 구워 먹어도 봤다. 그리고 막내 외삼촌이 만들어주신 스케이트를 타기도 했다. 방학 때 가면 놀거리 즐길 거리가 너무 많아 행복했다. 당연히 엄마와 외할머니, 작은외삼촌은 일손이 바빠 온종일 밭일을 하셨다. 더운 여름 일하는 도중 새참 시간에 마신 차가운 얼음을 띄운 미숫가루 맛을 지금도 잊을 수가 없다.

지금 나의 감성은 어릴 때 외갓집의 영향이 크다. 먼 고향이지만 친정엄마는 외할머니 생각에 우리를 힘들게 데리고 갔다. 철이 들면서 친정엄마에게 그런 부분이 정말 감사하게 느껴졌다. 잠시 엄마를 미워한 적도 있지만, 엄마 나이가 되어보니 '마음도 힘들고 몸도 힘들었을 텐데 엄마는 참 강한 사람이구나'라는 생각이 든다. 여전히 나는 엄마 근처를 떠나지 못하고 가까이 살고 있다. 아침, 저녁으로 '반찬 가져가라, 상추, 무 가져가라.' 거의 매일 나의 전화벨이 울린다. 때론 귀찮아 대충 '네' 하고 대답한다. 만약 엄마가 돌아가신다면 엄마의 빈자리가 나에게 엄청나게 크게 느껴질 것 같다.

엄마는 고향을 싫어한다. 자신이 어릴 때부터 맏딸이라 엄청나게 고생하셨고 그 동네 근처에서 아빠를 만났기 때문이다. 어느새 70세가 넘으셨는데 부모님은 여전히 싸우신다. 어릴 때부터 부부싸움 하는 것을 너무 많이 봐서 '크면 그리 안 살아야지' 했는데 역시나 나도 우리 부모님처럼 살고 있다. 닮는다는 것은 무섭다. 그래서인지 엄마의 마음을 이해하게 되었다. 너무 늦게 알았다는 것에 엄마에게 아주 미안하고 죄송스럽다. 자신이 못 받은 사랑과 물질적 보상을 첫딸인 나에게 다 줬는데 아직 보답해드리지 못하고 여전히 걱정거리 큰딸이기 때문이다.

그러고 보니 엄마는 자기 고향을 그리워하고 있었다. 지금도 고향에서 나오는 곡식이 내 밥상까지 올라오는 것을 보면 어쩌면 외할머니의 향기를 느끼고 계시는 것 같다. 자기 고향을 잊지 않는 것은 삶을 제대로 고마워하는 것 같다. 특히 나이가 들면 들수록 향수에 빠진다고 하지 않는가?

누구나 힘들 때 떠올리는 것, 부모님과 어릴 때 자신이 살던 고향이다. 분명코 자신이 태어난 곳을 그 자체로 인정하고 이해하고 마음속으로 고향을 생각하는 것만으로도 자신의 진정한 힘이 된다. 결국 자신의 중심을 바로 잡는 힘은 좋든 싫든 내가 태어난 곳, 자란 곳을 귀하게 여김으로써 비로소 나를 귀하게 여기게 되는 것이다.

사람은 어떤 환경에서 생활하고 교육받고
활동하느냐에 따라 성장한다.

삶이란 자신과의 투쟁이다

투쟁이란 단어를 어디에서 많이 들어보았는가? 집회 또는 시위 현장에서 '무엇인가를 요구할 때 들리는 소리'이다. 그럼 나랑 상관없다고 하는 사람도 있을 것이다. 그러나 여기에서 말하는 투쟁은 자신과의 투쟁이다. 우리는 자기와의 싸움에서 이기고 지기를 반복하면서 삶의 방향성을 찾아간다. 만약 당신의 삶에 큰 목표가 있다면 그나마 다행이다. 그러나 목표 없이 살아가는 것은 태평양 한가운데에서 엔진이 멈춘 화물선과 같다. 엔진은 바로 자신과의 투쟁이고 삶의 윤활유이다.

자! 그렇다면 자신과의 투쟁에서 나는 어떠한 존재로 살고 있는지 내 마음속 이야기를 꺼내 볼까 한다.

어릴 때부터 난 마음이 약한 사람이었다. 그렇다고 동정심이 많은 것은 아니지만 어렵고 힘든 사람을 보면 안타까운 마음, 존중하는 마음을 가졌다. 그것은 다 부모님의 영향이자 고향의 영향인 것 같다. 그래서 난 원주가 좋다. 당연히 울산도 좋다.

다른 지역 사람 중에 울산은 공장 도시이고 노동자들은 힘들게 일해서 번 돈을 너무 쉽게 쓰는 지역이라고 생각하는 사람도 있다. 그래서 울산에서 투쟁하는 노동자들을 부르주아라고 생각하겠지만, 난 40년 넘게 울산 동구 H중공업이 있는 동네에서 살았다. 그 노동자들이 자신의 생명을 걸면서 얼마나 더럽고 힘든 일을 했는지 나는 잘 안다. 왜냐하면 아버지가 H조선에서 노동자로 일하시고 정년퇴직을 하셨기 때문이다. 강원도 원주에서 농사를 지었던 분이 타지인 울산에 와서 쥐꼬리만 한 월급을 받기 위해 허허벌판에서 처절한 노동을 하셨다. 그 기름진 작업복을 난 아직도 기억한다. 잔업과 철야, 야근을 밥 먹듯 하느라 늦은 시간 퇴근하신 아빠의 작업복에 묻은 기름이 손으로 빨아도 잘 지워지지 않아 엄마가 석유로 얼룩을 지우시곤 했던 많은 밤을 기억한다.

80년 후반 노동자 투쟁이 우리 동네 동구 전하동 만세대아파트에서 일어났고, 그때 나는 중학생이었다. 눈을 자극한 최루탄 냄새는 고춧가루가 들어간 것보다 더 매웠다. 노동자들이 아파트 골목 사이로 도망치듯 달아나면 아파트 주민들이 몰래 숨겨 주기도 했다. 그때 걸리면 곤봉으로 개 맞듯 맞으면서 철창 버스에 갇히기 때문이다.

그렇게 지켜낸 노동자의 권리는 2023년 현재는 다시 1989년으로 돌아갔다. 한 달 월급은 200만 원을 겨우 받는다. 힘들게 이루어낸 복지 권리도 사라지고 노동의 권리는 퇴보했다. 아버지는 정년퇴직하신 지 10년이 훨씬 넘으셨다. 아버지는 일한 만큼의 노후를 지내지만, 현재 노동자들은 다시 80년대와 같은 그 힘든 시기를 겪고 있다. 울산이 다시 활기찬 도시로 돌아오기를 희망한다.

울산은 노동자의 도시이다. 그래서 투쟁이라는 단어는 내 인생에서 떼려야 뗄 수 없는 단어가 되었다. 지금은 장애가 있는 아이를 둔 부모로서 투쟁을 외치고 있다. 나를 위한 것이 아니라 지역사회와 국가를 위해서 투쟁이라는 단어는 꼭 필요하다. 그렇다면 자신과의 투쟁 또한 지극히 개인적인 문제가 아니라는 점이다. 노동자, 사회, 국가가 있으려면 나 자신부터 시작이기 때문이다.

자신의 이상과 현실에서 투쟁은 결국 나 혼자만의 싸움이 아니다. 자신의 주변 사람들과 잘 살기 위해서, 함께 잘 지내기 위해서다. 그래서 자신의 마음을 얼마나 잘 알고 있는지 이해하는 시간이 필요하다.

'우리는 우리 자신을 소유하는가?'
자신이 자신을 소유한다는 생각은 선택의 자유를 둘러싼 논쟁에 자주 등장한다. 내가 내 몸, 내 생명, 나라는 인간을 소유한다면, 그것으로 무엇을 하든 내 자유다. 자유지상주의자의 주장이 옳다면, 합의로 이루어진 식인 행위를 금지하는 것은 부당하며, 자유권의 침해이다.
—마이클 샌델, 《정의란 무엇인가》

정의라는 단어는 지극히 정치적이고 사회적이다. 사실 쉽게 이해하고 접근할 수 있는 단어는 아니다. 그런데 내 일상에서 내 생각을 좌지우지하고 있다는 사실을 잊고 있다. 그래서 관념이라는 것이 무섭다.

'우리는 우리 자신을 소유하는가?'라고 질문하면 아마 사람들 대부분은 '아니오'라고 대답할 것이다. 나 또한 그렇지 못하기 때문에 나 자신과의 투쟁을 계속하고 있다. 100% 자신을 소유하기는 어렵겠지만 자신의 선택은 분명 자신이 결정할 문제다. 그것을 결정할 힘은 바로 끊임없는 자신과의 대화, 자신과의 투쟁이다.

즉 자신과의 투쟁은 나와의 타협, 타인과의 타협이고 그것을 마침내 협상이라는 결과로 도출해내는 힘이다. 그렇다면 노동자 투쟁, 장애인 투쟁, 사회 투쟁은 결국 내 문제와 밀접한 연관성이 있다. 돌고 돌아오는 세상의 이치는 나만을 위한 것이 아니다. 그래서 자유는 인간의 존엄성을 해치는 행위가 허용되는 게 아니다. 자신과의 투쟁은 타인에 관한 생각, 이해 그리고 배려다. 그렇다면 곧 자신을 이해하게 되고 자기 삶에서 진정한 주인공이 된다.

1989년 울산은 노동자 투쟁의 현장이었다. 2023년 비록 현실은 후퇴되었지만, 아직도 여전히 산업 현장에서 노동자들은 투쟁하고 있다. 결과는 당연히 비극적이다. 그러나 희망이 없다고 생각하면 투쟁하지 않을 것이다. 마찬가지로 자신과의 투쟁 또한 희망을 위해서 계속 전진해야 한다. 비록 삶이 롤러코스터처럼 흔들리고 떨어지고 두려울지라도 절대 자신을 비관하거나 포기하거나 자신만만해서도 안 된다. 결국 자신과의 투쟁은 자신이 가장 약할 때 가장 성장할 수 있는 과정이다.

나는 내가 생각한대로
이루어진다.

자신의 트라우마를 인정하라

요즘 같은 코로나 시국에 사람들은 불안을 느끼며 살아가고 있다. 처음 경험해보는 비대면 생활에 많은 불편함과 어려움을 호소하고 있다. 물리적, 경제적으로 어렵고 언제 끝날지 모를 상황에 항상 언제, 어디에서 전염될지 모르는 극한 불안감을 안고 살아왔다. 조금씩 상황은 나아졌지만 늘 바이러스에 대한 불안은 늘 도사리고 있다.

불안 증세는 사람의 신체적, 정신적으로 삶 자체까지 혼란을 가중한다. 결국 사회생활에까지 그 영향을 미치게 된다. 특히 요즘 연예인, 공인들의 학교폭력 문제는 또 다른 사회적 이슈가 되었다. 가해자는 기억 못 해도 피해자는 가해자의 이름을 똑똑히 기억하는 나의 혼란기 10대 때 트라우마에 관한 이야기이다. 내 머릿속에서 그 장면은 평생 지워지지 않는다.

난 국민학교 4학년 2학기 때 전학을 가게 되었다. 부모님이 집을 처음 장만하여 이사를 왔기에 두 분 다 더 열심히 일해야만 했다. 그런 상황이었기에 학교 다녀오면 늘 집 주변 친구들과 해 질 녘까지 놀다 집에 들어가곤 했다.

전학 온 지 얼마 되지 않았기에 학교에는 친구가 없었다. 내성적인 성격이라 쉬는 시간에도 조용히 가만히 앉아 있었다. 체구도 작아서 맨 앞자리에 앉았는데 어느 날 한 남자아이가 나에게 다가왔다. 왜 나한테 올까 궁금했다.

그 남자아이는 나에게 콧구멍을 크게 키워보라고 했다. 싫다고 하니 주먹을 쥐어 나에게 보여주면서 강한 눈빛으로 협박했다. 그 순간은 마치 어두운 공간 안에 혼자 덩그러니 있는 느낌이었다. 난 어쩔 수 없이 그 행동을 했어야만 했다. 그 이후로 그놈은 나를 만만히 보기 시작했다. 교실에서 대놓고 괴롭히는 대신 조용히 나에게 다가와 얘기했다.

"너 수업 끝나면 알지. 건물 뒤로 나와. 만약 안 오면 알아서 해!"

난 두려웠다. 수업 내내 선생님 말씀이 귀에 들어오지 않았다. 그냥 두려운 생각뿐이었다. 수업 마치는 종소리가 귀를 의심스럽게 했다. 두려운 마음과 무거운 몸은 어느새 건물 뒤로 다다랐다. 그놈도 뒤에 따라왔다. 그리고 군대식으로 날 보고 엎드려뻗쳐를 시켰다. 심장이 너무 뛰어서 어느 순간 멈춰버릴 것 같았다. 그놈은 주변에 널린 공사 자재를 둘러보다 각목 하나를 손에 잡고 내 엉덩이를 사정없이 내려쳤다. 난 내가 잘못했다고 미안하다고 두 손을 싹싹 빌었다. 내가 뭘 잘못했는지도 모른 채 맞는 두려움에 그냥 빌었다. 그놈은 이렇게 말했다.

"이유 없어. 넌 그냥 맞아야 해."

지금 생각해보면 너무 어이없고 억울하고 분하고 화가 난다. 그때 왜 아무 말도 못 하고 당하기만 했는지 의문이 생긴다. 당시 학교 건물 뒤에는 공사 자재들이 지저분하게 쌓여 있었다. 마치 내 마음처럼 너무나 복잡하고 두려운 분위기였다. 어떤 때는 야산으로 데리고 가서 그곳에서도 똑같이 엎드려뻗쳐를 시키고 굵은 나뭇가지를 구해서 엉덩이를 때렸다. 그리고 비 오는 날 우산 쓰고 가면 뒤에서 우산 손잡이로 내 목을 당겼다. 그리고 하굣길에도 따라와 계속 말했다.

"너 선생님이나 부모님께 말하면 알아서 해! 가만두지 않을 거야."

난 그 소리에 바보같이 아무 말도 못 하고 듣고만 있었다. 그런 일은 6학년까지 이어져 졸업해서야 끝이 났다. 그때 느낀 해방감, 자유, 안도는 겪어보지 못한 사람은 아마 이해하지 못할 거다. 같은 또래 반 친구인데 나는 왜 아무 말도 못 하고 멍청하게 당했을까? 왠지 그때 그 어린 미라의 마음을 잘 알 것 같다. 부모님이 알면 혼날까 두려웠고 동네 친구들에게는 부끄러워 말도 못 하고 그렇게 시간만 지나가기를 바랐던 것 같다. 내 말을 들어줄 사람이 옆에 있다는 것을 스스로 믿고 말했으면 쉽게 끝날 문제를 끌고 갔던 것이다.

그 트라우마로 중학교 올라가서도 남자는 존재 자체가 두려움의 대상이었다. 그리고 쉽사리 이야기하고 장난칠 수 있는 사람이 되지 못했다. 사람에 대한 믿음조차 없었다. 그냥 자신감도 없고 항상 초라하고 나약한 사람이라 스스로 인정하고 그렇게 중학교 생활도 보냈다. 고등학교 때도 트라우마가 남아 남자 친구를 사귀거나 친하게 지내지를 못했다.

그놈은 나한테 왜 그랬을까? '나를 화풀이 대상으로 생각했나, 아니면 심심해서, 그것도 아니면 그 녀석도 친구가 없어서 그랬나?' 어느새 난 그 친구를 이해하는 마음으로 성장하게 되었다.

나는 아직도 그 친구 이름 석 자를 정확히 기억하고 있다. 아마 그 친구도 나를 기억하고 있을지도 모른다. 그러나 난 그 친구를 벌써 마음속에서 용서했다. 그런 일이 내 유년 시절에 있었기에 요즘 학교폭력 사건이 남 일처럼 느껴지지 않는다. 시간이 그렇게 흘렀는데 심해지면 심해졌지 나아지진 않았구나 하는 생각을 한다. 누군가는 그런 일이 있을 때 친구나 선생님, 가족한테 왜 말을 못 하느냐고 반문한다. 내가 그런 일을 당한 처지에서 생각해보면 '가족에 대한 신뢰와 믿음'이 약하다는 게 가장 큰 이유가 아닐까?

아무래도 난 장녀이다 보니 부모님의 기대를 온몸으로 받았고 특히 공부를 잘해야 했었다. 부모님도 그 당시 각박한 타지에서 먹고 살기 바쁘다 보니 따뜻한 말 한마디를 건네기 어려웠는지 모른다. 지금 내 나이 40대 중반이 되어보니 부모님의 삶 또한 많이 고단하고 힘들었을 것이 이제야 이해가 된다. 하지만 어린 나에게 그때의 부모님은 무섭고 있으나 마나 한 존재였기에 혼자 감당했던 것 같다.

　괴롭힘은 평생 기억한다. 지워지지는 않는다. 그러나 그 상황도 내 것이기에 인생에 경험 퍼즐로 남겨두는 것이다. 인생이란 쓰고 달고 짜고 맵고 싱겁고 밋밋한 맛이다. 다양한 맛이 있어야 결국 적절한 맛을 찾아낼 수 있다. 또 우리의 인생을 모양과 색으로 비유하기도 한다. 항상 모양이 이쁘고 완전할 수 없고 색이 아름다울 수 없다. 모난 모양은 그 모양대로 다른 퍼즐들이 맞춰주면 되고 색이 어두워야 아름다운 색이 더 빛을 발할 수 있듯이 과거의 트라우마는 있는 그대로 인정하되 지금 나의 모습에 더 초점을 맞추고 가꿔나가는 데 힘을 쓰면 진정한 나를 찾을 수 있다.

　비록 그때 그 일을 해결하지 못했다고 평생 자신을 미워하거나 상처를 안고 살 필요가 없다. 만약 이 글에 공감이 되면 자신의 과거를 피하지 마라. 당당히 그때 그 일 앞에 맞서기를 바란다. 분명한 것은 당신 잘못이 아니다. 그 일로 당신 스스로 당신을 괴롭히지 않았으면 한다. 당신은 그 누구보다 '소중한 사람'이라는 점을 기억해라. 당신 스스로 과거의 상처를 인정하는 순간 그 트라우마에서 '해방'될 수 있다.

비록 그때 그 일을 해결하지 못했다고

평생 자신을 미워하거나 상처를 안고 살 필요가 없다.

만약 이 글에 공감이 되면 자신의 과거를 피하지 마라.

당당히 그때 그 일 앞에 맞서기를 바란다.

분명한 것은 당신 잘못이 아니라는 사실이다.

나의 현재는 내가 끌고 온 것이다

과거, 현재, 미래의 내 모습은 어쩌면 동일한 선상에서 함께 존재하지 않을까 생각한다. 그래서 지금 이 순간 당신의 생각은 아주 중요한 출발점이 될 수 있다. 지금 1초의 지남은 과거이기 때문이다. 작은 생각이 모이는 순간 그것은 현재 당신의 모습이다. 그렇다면 과거와 현재 곧 미래의 내 모습을 발견하기 위해 나의 고등학교 시절을 찾아 떠나가 볼까 한다.

나는 여상 출신이다. 집에서 1시간이나 걸리는 울산과 경주 경계선에 있는 T종합고등학교를 졸업했다. 솔직히 공부를 못해 멀리까지 유학하러 간 것이다.

거리가 멀다 보니 아침 일찍 학교 가는 버스를 타기 위해 집에서 정류장까지 힘차게 뛰어 내려간 것이 엊그제 같은데 벌써 고등학교를 졸업한 지가 30여 년이 되어간다. 그때는 학교가 어디냐고 물어보면 창피해서 말도 못 했다. 어릴 때부터 공부에 관심이 없던 나에게 학교란 졸업만 하면 그만인 곳이었다. 고등학교 시절 유일하게 관심 있었던 것은 펜글씨 쓰기와 특별반에서 진행한 상업 미술이었다. 그때는 별 의미 없이 보냈던 시간이라 생각했는데 지금 와서 돌이켜보면 현재 내가 잘하는 것을 향한 첫 출발점이었다.

그러고 보니 미술은 늘 나와 함께했던 것 같다. 유치원 다닐 때 미술대회에서 상 타러 부산까지 간 기억이 난다. 엄마가 막내 남동생을 출산한 지 얼마 되지 않아 옆집 아주머니께서 대신 함께 가 준 적도 있다. 더 커서는 가족과 함께 H중공업 사생 미술대회에 나가기도 했다. 상은 못 받았지만 그림을 그리는 일에는 적극적으로 행동했던 것 같다. 초등학교 때 학교에서 그림대회를 한 적이 있는데 뭘 그릴지 생각나지 않아 집에 있는 위인전을 보고 풍경화를 그려 입상한 적도 있다. 참 신기했다. 그냥 그대로 보고 따라 그렸는데 상을 받다니. 아직도 그 그림이 내 머릿속에 남아있다.

고등학교 시절에는 당연히 좋은 기억이 별로 없다. 작고 여린 여학생, 있는 듯 없는 듯 존재감 없는 학생, 단짝 1~2명 정도 있는 조용한 학생이었으니까! 지금도 크게 다를 바가 없지만, 나이를 먹으면서 난 어엿한 사회인이 되었다. 그리고 여러 단체에서 여러 가지 직함들을 갖게 되었다. 어렸을 때의 나를 아는 친구들이 그 조용했던 미라가 강사가 되었다고 놀라는 모습을 보면 나는 나에게 이런 말을 해준다. '그래 미라야, 힘든 시기 잘 견뎠네'라고 말이다.

강의하는 중 가끔 여상 출신이라고 먼저 얘기할 때도 있다. 왜냐하면 과거 행적보다는 '지금 무엇을 원하고 무엇을 할 것인지 생각하고 행동하는 자신이 중요하다'는 것을 강조하기 위해서이다. 이제는 100세 시대이다. 학교 출신보다 더 중요한 것은 내가 무엇을 좋아하고 배우고 싶은가이다. 그리고 그것을 내 인생에서 어떻게 이어갈 것인지 스스로 예측할 수 있는 사람들이 100세 시대에 돈도 벌고 즐거운 인생을 살 것이다.

나 또한 지금 목표하는 바를 이루기 위해 이 책을 쓰고 있고 행동하고 있다. 글쓰기를 한다는 것은 쉽지 않은 행동이다. 살아가면서 자신의 이야기를 책으로 낼 생각을 하는 사람이 그리 많지는 않다. 요즘은 작가의 꿈을 꾸지 않아도 여러 가지 기회로 책을 낸 분도 있지만 그래도 책 쓰기는 대중적이지 않다.

그러고 보니 난 어릴 때부터 책을 쓰고 싶고 작가가 되고 싶다고 막연하게 생각해왔다. 여상 다닐 때는 철학자가 되고 싶기도 했는데 지금 생각해보면 나 자신을 잘 알았던 것 같다. 지금도 난 철학자라 생각한다. 그래서 글 쓰는 행위는 나에게 당연히 일이라 생각했고 이렇게 글을 쓰고 있다. 곧 한 작가님이라는 소리를 들을 것 같다. 왜냐면 이 책이 출판되면 그리될 일이니까!

난 이 얘기를 하고 싶다. 당신이 현재 가지고 있는 문제들은 당신이 끌고 왔다는 것이다. 왜냐하면 당신은 그곳에 집중했기 때문이다. 사람들은 집중을 아주 완벽히 과대평가한다. 집중은 시간을 많이 할애하고 어려운 일이라 생각하지만 5초, 50초, 5분 만에도 집중을 하면 엄청나게 큰 에너지가 발휘된다는 사실이다. 그러나 의외로 잘 모른다.

사람은 원래 추상적인 존재다. 그런데 오랜 인류 역사 속에서 사람들은 눈에 보이는 것만 믿게 되고 현실적인 존재가 되었다. 그러나 이제는 자신의 무한한 잠재된 능력을 깨울 때가 되었다. 난 과학자도 철학자도 발명가도 아니다. 하지만 공상가이기에 사람들은 그럴 것이라 다 추측하고 그리 생각한다. 순전히 내 생각이다. 그러나 나처럼 믿고 행하는 사람이 생각보다 많아지고 있다는 것은 분명한 사실이다. 결국 나 혼자만의 생각은 아니란 것이다.

다시 여상 다닐 때를 생각해보면, 사진 찍는 것을 좋아해서 학교 작품전에 사진을 출품했는데 입선이 된 일도 있었다. 그때부터 난 사진에 엄청나게 관심을 가지게 되었고 지금까지 사진을 잘 찍는다는 소리를 듣는다. 그리고 대학 다닐 때도 사진 과목이 있어 더 적극적으로 활동했다. 당연히 엄청나게 좋아하는 시간이었다. 이런 나의 모든 관심과 행동에는 결국 유년 시절부터 지금까지 연결고리가 있다는 사실이다. 그래서 공상이 현실을 만든다는 점은 사실이다. 안 믿기는 말이라 생각하겠지만 자신의 나이별로 사건들을 쭉 적다 보면 다 연결되어 있다는 것을 알게 된다.

그것이 현재 나의 꿈 프로그램 중 하나이기도 하지만 난 내가 어릴 때 했던 행동들을 접목해서 프로그램을 만들기도 한다. 요즘 그런 것이 창의적인 프로그램이라 한다. 그러고 보면 엉뚱한 행동도 다 나쁜 것은 아니다. 몸에 좋은 약이 쓰듯이 살면서 마냥 좋은 일만 있다면 오히려 행복을 알 수 없다. 지금 힘든 일이 있다면 바로 당신이 변화하기 좋은 시기다. 아는 것만으로도 당신의 변화는 시작된다. 그 비밀은 내 책 속이나 여러 가지 사건 사고에서 알아가게 될 것이다.

현재 지금 내가 어떤 것을 원하고 무엇을 할 것인지
생각하고 행동하는 자신이 중요하다.
학교 출신보다 더 중요한 것은
내가 무엇을 좋아하고 배우고 싶은가이다.

당연히 살다 보면 늘 즐겁고 행복할 수 없다.
행복 뒤에 불행은 늘 단짝처럼 붙어 있다.
그래서 자신의 결심, 행동 그리고 받아들임이
중요한 마음 자세다.

배움에 대한 용기

사람이 살아가는 데 중요한 것은 배움에 대한 용기다.
그것은 자신을 변화시켜주고 또 다른 나의 내면에서
진정한 자신을 발견해주는 아주 귀한 가치다.

달팽이가 꿈을 찾아가는 과정

나를 알아가는 과정에서 때론 행복할 수도, 불행할 수도 있다. 하지만 그 과정을 통해 자신만의 꿈을 발견하게 된다. 꿈을 안다는 것은 행복한 경험이다. 행복은 거창한 삶의 가치가 아니라 자신의 소소한 일상에서 좋은 경험을 느꼈을 때 드는 감정이다. 그렇다면 행복은 자신의 환경구조와 사람을 통해 감각적으로 느끼는 마음이다. 꿈과 미래에 관심 없던 내가 여상을 졸업하고 재수 2년 끝에 원하는 컴퓨터그래픽과에 입학한 과정을 이야기하려 한다.

1994년 고3 2학기 무렵 H중공업 하청 경리로 취업을 나갔다. 초년생이다 보니 내가 하는 일은 커피 타기, 직원들의 출·퇴근 체크가 다였다. 하루하루 일상은 지루하고 나 자신이 초라하게 느껴지기 시작했다. 그런 사이 같은 여상을 다닌 친구 한 명이 대구에 모 전문대학 OA 사무자동화과에 합격했다. 그 소식에 갑자기 내 마음에서 '나도 대학 가고 싶다.'란 생각이 들었다. 뭔가 결심하고 '하고 싶다'란 생각은 처음이었다.

그래서 95년 첫 직장을 퇴사했다. 대학을 가려면 수능을 봐야 하니 재수학원에 등록하고 수능 공부를 시작했다. 국·영·수는 내가 제일 싫어하는 과목이었지만 꾹 참고 매일매일 재수학원에 다녔다. 그리고 다음 해 96년 대구에 소재한 모 대학 컴퓨터 관련 학과에 원서접수를 했다. 하지만 고등학교 시절 공부에 관심도 없었고 1년 만에 성적을 크게 올리기도 힘들었으니 수능 점수가 좋지 않았다. 당연히 결과는 전부 불합격이었다. 그런데 아주 우연한 기회에 컴퓨터그래픽과 전공을 할 수 있었다.

Y전문대 컴퓨터 관련된 과를 접수하고 나오는데 정문 밖에서 컴퓨터그래픽과 단기대학 팸플릿을 나눠주고 있었다. 혹시나 하는 마음에 그 팸플릿을 챙기고 울산으로 내려왔다. 그리고 한참 후에 접수한 대학에 다 떨어지는 결과를 얻었다. 당연한 결과지만 난 크게 상심했다. 그때 갑자기 그 팸플릿이 생각났다.

팸플릿을 찬찬히 살펴보니 고등학교 때 특별활동 미술 시간에 상업 미술 선생님이 그래픽디자이너에 대해 잠시 얘기해준 기억이 났다. 그때 그래픽디자이너가 되고 싶다고 막연히 생각했는데, Y전문대 팸플릿에 컴퓨터그래픽과 단기대학이라고 쓰여 있었다. 그곳은 별도의 시험 없이 등록만 하면 다닐 수 있는 곳이었다. 쉽게 말하면 그냥 Y전문대 안에 있는 학원이라 할 수 있다. 어쨌든 대학 안에서 컴퓨터실을 사용하고 교수님이 가르치니 그곳이라도 가고 싶은 마음이 마구마구 샘솟았다.

그러나 부모님은 대학이 아니라는 점을 들며 반대하셨다. 울산에서 다니기엔 버거워 대구에서 자취해야 했고 그 직업에 대해 잘 모르시기에 불안한 마음이 드셨던 거다. 난 몇 날 며칠 울면서 꼭 가고 싶고 배우고 싶다고 부모님을 설득했다. 내가 부모님에게 무엇인가 하고 싶다고 떼를 쓰는 것은 처음 있는 일이었다. 그리고 부모님은 결국 허락해 주셨다.

그리고 몇 달 후 친구 외숙모집에 자취하면서 단기대학 1년 과정을 수료하고 취업을 준비했다. 그런데 그다음 해 97년에 영남권 아래로 처음 전문대에 컴퓨터그래픽과가 개설된 것이다. 바로 경산에 있는 D대학이다. 난 다시 수능시험을 치고 D대학 컴퓨터그래픽과에 접수했다. 지금 생각해보면 참 번거롭고 쉽지 않은 행동이었는데 너무 원해서 하게 되었다.

시간이 지나 결과 발표가 났는데 또다시 떨어졌다. 난 내신 등급이 좋지 않아 수능 점수가 있어도 쉽지 않았다. 혹시나 했던 기대가 무너지면서 너무 슬퍼 마음이 힘들었다. 그런데 며칠이 지난 후 후보로 합격했다는 소식을 접했고 너무 기뻤다. 지금 생각해봐도 그 기쁜 마음 주체할 수 없었고 믿기지 않았다.

하지만 그 기쁜 마음은 오래 가지 못했다. 나랑 2살 터울인 둘째 동생이 대학에 합격하여 두 명 다 대학을 동시에 보내기가 쉽지 않은 상황이었다. 더구나 나는 다시 2년을 대구에서 자취해야 하니 부모님 입장에서 쉬운 결정이 아니었다. 그러나 난 울면서 이번에만 다시 기회를 달라고 애원했고, 등록 마감 코앞까지 부모님 허락을 받지 못했지만 결국 난 그 학교에 입학하게 되었다. 참 대학 가는 과정이 만만치 않았다. 무슨 일이든 쉽게 되는 일은 없다.

그리고 보면 내가 첫째인 까닭에 알게 모르게 부모님의 덕을 크게 본 것은 사실이다. 그렇지만 나 또한 쉽지 않은 결정이었다. 당시 난 겁이 많았고 자신감도 없었고 늘 위축된 상태였기 때문이다. 그런 상황 속에서 이런 과정을 끌고 온 힘은 어디에서 나왔는지 이 책을 내면서 다시 생각해보았다. 나에게 진정한 배움이란 무엇인지 그때부터 알게 되었다. 내가 정말로 좋아하는 공부는 하게 된다는 것, 그리고 아무리 어려운 환경 속이라도 끝까지 포기하지 않는 용기와 힘은 내 몸에서 나온다는 것이다. 혹시 배움을 주저하는 사람이 있다면, 무조건 배움에 열정과 정성을 쏟기를 바란다. 그러면 당신에게 용기가 찾아올 것이다.

사람이 살아가는 데 중요한 것은 배움에 대한 용기다. 그것은 자신을 변화시켜주고 또 다른 나의 내면에서 진정한 자신을 발견하게 해주는 아주 귀한 가치다. 귀한 시간을 스스로 만들어야 배우고 싶은 용기와 그것을 가능하게 하는 실천력이 생긴다. 내가 정말 하고 싶다는 용기가 생기면 바로 몸과 마음이 행동으로 옮겨진다. 생각만 하지 말고 행동으로 옮겨라. 관심 있는 것에 계속해서 집중하면 어느새 자신도 모르게 행동하게 된다.

소크라테스가 말하지 않았는가? "너 자신을 알라" 그것은 바로 '자신의 꿈'을 알라는 말일 것이다. 꿈은 추상적이고 보이지 않지만 바로 자신에 대한 신뢰와 믿음이다. 자신을 부정하면 꿈은 저절로 생기지 않는다. 자신과 끊임없는 대화를 하는 사람은 저절로 하고 싶은 용기가 생기고 무엇인가 하고 싶다는 꿈이 생긴다.

우리의 뇌는

시각, 촉각, 청각에 의해 감각이 키워진다.

그리고 손으로 표현하게 되면

창의, 창조의 훈련이 된다.

그런 행동을 무한 반복하게 되면

당신의 손은

저절로 글이나 그림, 물건을 만드는 게

가능한 손이 된다.

그 손이 바로 당신의 변화로 인도한다.

정체성을 찾는
나만의 독특한 방법

　앞으로 우리는 100세 평생교육 시대에 살아간다. 그런 점에서 자신에게 교육이란 스스로 해결해야 할 과제가 되었다. 평생교육은 요즘 흔히 하는 말이다. 하지만 정작 뭘 배우고 어떻게 살아야 할지 자신의 길을 모르는 사람이 많다. 처음부터 목표 하나를 정해서 가는 시대는 끝났다. 단 장인정신이 필요한 직업은 아직 유효하다. 오히려 한평생 한 직업으로 장인정신을 이어갈 수 있다면 그것은 타고난 천직이다. 많은 직업이 로봇으로 대체되겠지만, 인간만이 할 수 있는 직업은 돌봄 직업이다.

　그리고 그 돌봄 직업은 노동의 가치를 높게 받아야 지금보다 훨씬 더 전문가적이고 가치 있는 직업이 된다. 글을 쓰다 보니 평생교육에서 노동의 가치로 이어졌다. 사람이라면 배우고 직업을 갖는 것도 매우 중요하다. 그러나 가장 중요한 것은 사람과 사람이 함께 살아가는 것이 행복한 삶이고 가치 있는 자신을 발견한다는 사실이다.

그래서 항상 행복할 수도, 불행할 수도 없다. 왜냐하면 자기 자신을 배우고 알아가는 사람은 그 사이에서 잘 조절하여 지혜롭고 현명하게 상황을 인식하고 선택하기 때문이다. 난 지금도 계속 배우고 새로운 방식으로 나만의 프로그램도 만들고 있다. 나의 경험과 배움을 통해 만들어낸다. 배우지 않고 뭔가 새로이 창조한다는 것은 쉽지 않다. 그래서 나는 모방을 사용한다. 그대로 따라 하는 것은 아니다. 나만의 스타일로 변환시키는 것이 나만의 방법이다. 처음부터 저절로 되는 것은 아니다.

내가 어렸을 때 한 첫 창조적 행동은 학습 문제지 맨 뒤에 고바우 만화 따라 그리기였다. 그게 모방의 시작이다. 그런 행동들이 모여 뇌 속에 경험으로 저장되고 자신의 오감은 다시 뇌로 전달되어 서로 짜깁기하는 편집능력이 개발된다. 우리의 뇌는 시각, 촉각, 청각에 의해 감각이 키워진다. 그리고 손으로 표현하면 창의, 창조의 훈련이 된다. 그런 행동을 무한 반복하면 당신의 손은 저절로 글이나 그림, 물건을 만드는 게 가능한 손이 된다. 그 손이 바로 당신의 변화로 인도한다.

D대학 1학년 때 과별로 특성화 여행 프로젝트가 있었다. 과의 특성에 따라 하와이, 일본, 중국에 3박 5일 다녀왔다. 우리 과는 일본 오사카에 다녀왔다. 나에게 해외여행은 처음이라 엄청나게 설레고 기대되었다. 우리 과는 애니메이션 강국인 일본에 가게 되었다.

일본에 도착한 순간 모든 환경이 낯설었지만 97년의 일본은 고속도로나 도시 자체가 엄청 깨끗했다. 오사카 시내 한복판에 하천이 있었는데 물고기가 지나가는 것을 보고 깜짝 놀랐다. 냄새가 지독하고 물이 탁해 물속이 보이지 않던 당시의 울산 태화강만 보다가 오사카 하천을 보니 신기했다. 어떻게 물을 관리하길래 이렇게 깨끗할까? 2023년 현재 태화강의 수질은 놀라울 만큼 많이 개선되었지만, 그 옛날 오사카 시내의 하천은 획기적인 광경으로 남아있다. 작고 아담한 디자인과 처음 느껴본 낯선 도시 환경, 일본 여행을 통해 나의 사고와 편견이 깨지기 시작했다. 우물 안 개구리였던 나에게 세상은 넓고 새로움과 설렘 그리고 기대라는 감정이 올라왔다.

그 여행을 다녀오고 난 뒤 다시 갈 수 있으면 '일본에 가고 싶다'는 생각이 문득문득 들었다. 단지 생각만 했다. 그런데 그다음 해 98년 교수님의 권유로 우리 과에서 일본 후쿠오카 디자인전에 참가하게 되었다. 그때 작품에 몰두한다고 우리 과 학생들은 한 달 동안 학교에서 숙식했다.

하루는 아이디어가 떠오르지 않아 그냥 시간만 보내고 있었다. 동기들이 옆에서 무엇인가 열심히 하는 모습에 점점 초조해졌다. 도저히 안 되어 난 자리에서 일어나 도서관으로 갔다. 동화책에서 본 삽화를 그대로 그려낸 초등학교 때가 떠올라 대학 도서관 잡지 판매대로 가서 눈에 띄는 그림이나 사진을 찢어서 5~6장을 챙기고 다시 컴퓨터실로 왔다. 그리고 몇 가지 그림과 사진을 오려서 계속 뚫어지게 쳐다봤다. 그리고 하나하나 컴퓨터 화면에 위치를 정하고 스토리를 만들어보았다. 여러 컷의 장면에서 하나의 컷으로 만들었다. 그것이 바로 이 작품이다. 작품명은 'Dream'이다. 일본인이 알아보기 쉽게 영어로 정했다. 지금 생각해보면 꿈은 내 운명이다.

출품 후 몇 달이 지났다. 교수님이 우리 과에서 3명이 입상했다고 말씀해주셨다. 그 3명 중 내가 일본인들 사이에서 당당히 그래픽 디자인 장려상에 입상했다. 그렇게 입상한 다른 동기 2명과 함께 3박 5일로 일본을 다시 갈 기회가 생겼다. 생각만 했던 일본행을 작품을 통해 다시 하게 되었다. 만약 내가 경리에 머물러 있었다면, 고등학교 때 그래픽 디자이너가 되고 싶은 마음을 갖지 않았다면 오지 않았을 순간이었다. 그런데 생각만으로 머무르지 않고 행동이 퍼즐처럼 모이다 보니 그래픽디자인 장려상을 받게 되었다. 하찮은 행동이라 생각할 수도 있지만 작은 행동이 모이다 보면 뜻하지 않은 좋은 결과를 만나게 된다. 난 그런 경험을 소중히 잘 간직하고 현재 계속 유지 중이다.

여기서 잠깐!
정체성을 찾는 나만의 독특한 방법을 알려줄까 한다. 아주 쉽고 반복적인 행동이 필요한 작업이다.

첫째, 자신의 이름을 한글, 한문, 영어로 자주 생각날 때마다 손글씨로 쓰기(망쳐도 좋음).

둘째, 휴대전화 녹음기로 자신이 좋아하는 노래를 직접 불러서 녹음하고 다시 들어보기.

셋째, 자신이 어릴 때 사진을 한 달에 한 번씩 찾아보기.

넷째, 가까운 평생교육 사이트에서 내가 배울 거리 찾아보기(신청은 안 해도 되지만, 기회가 생기면 바로 신청할 것).

다섯째, 사자성어나 위인들이 남긴 명언 이쁘게 따라 쓰기.

이런 행동들은 자신을 알아가고 새로운 관심을 찾아가는 기본적인 행위다. 단순히 보고 듣고 찾는 행위는 자신에게 아주 쉽고 가까운 것부터 해야 점점 더 범위가 넓어진다. 이런 행동을 반복할수록 자기 생각과 내면이 새로워짐을 느낄 수 있다.

마음의 힘을 키워라

모든 일은 그냥 이루어지지 않는다.

생각이 현상을 만들고 그 현상이 결과를 만든다.

보이는 것만 믿는 것이 아니라 보이지 않는 것을 믿는 것이

마음의 힘을 키우는 방법이다.

마음의 힘은 결국 자신이 원하는 바를 이루기 위해

버티고 밀고 나가는 힘을 말한다.

나에게 글을 읽고 쓴다는 것

　사람의 능력 중에 가장 뛰어난 것은 손으로 무엇인가 표현하는 행위다. 인류의 진화 과정 중 호모사피엔스가 최초로 동굴에 그림을 그리기 시작했다. 무엇인가를 생각하고 표현한 행위다. 그것이 인류 문화예술의 출발이다. 이 말인즉 인간은 누구나 유전적 바탕에 글, 그림, 사물을 만들어내는 능력을 갖추고 있다는 것이다. 단지 자신의 제한된 능력을 자체 평가해서 제대로 자신 감각을 발견하지 못했을 뿐이다.

　나 또한 나의 능력을 제대로 알지 못할 때가 있었다. 그런데 우연한 계기로 나의 능력을 발견하고 실천하게 되었다. 그것이 이 책을 내는 첫 걸음이었다. 그 시간 속으로 잠시 떠나볼까 한다.

　평상시대로 나는 큰딸의 약을 타기 위해 서울 방향 KTX를 탔다. 창가에 지나가는 풍경을 눈에 담으며 난 잠시 생각에 잠겼다. 이번에 의사 선생님을 뵈면 큰딸 상태를 잘 설명해서 약을 제대로 처방받아 경기가 멈췄으면 하는 바람과 병원 진료 때문에 회사에 출근하지 못해 팀장님께 죄송한 마음이 교차했다.

이따 병원 진료를 보고 다시 울산으로 내려가려니 마음이 더 바쁘고 이래저래 복잡한 와중에 열차 내 잡지가 보였다. 무심코 펼친 잡지에서 우연히 사크 작가의 책 《꿈을 이뤄주는 자기 주문법》을 소개한 글을 보게 되었다. 책 읽는 것을 좋아하지 않는 내 눈에 책 소개가 들어온 것이 신기했다. 핑계처럼 보이겠지만, 사실 난 책을 읽을 때 글이 바로 입력되지 않아 읽은 곳을 또 읽느라 진도가 잘 나가지 않는 스타일이다. 그런데 그 책 제목을 보니 너무 궁금했다.

서울에 도착하자마자 큰딸이 다니는 신촌세브란스 병원에서 약을 처방받고 곧장 신촌에 있는 서점으로 향했다. 혹시나 하는 마음에 그 책을 찾아보았다. 약간 설레고 두근거렸다. 그 책을 발견하자마자 바로 구매하고 서울역으로 향했다. 기차 시간을 놓치면 울산에 내려가는 데 지체되기 때문이다. 다행히 기차에 몸을 실었다.

제시간에 기차를 탔다는 안심과 아이의 경기 상황이 썩 좋지 않은 결과에 마음이 피곤한 상태였다. 그런데 갑자기 아까 산 책이 생각나서 읽기 시작했다. 책 표지가 마음에 무척 들었다. 내가 좋아하는 추상적인 이미지라 더 궁금했다. 그리고 저자 사크에 대한 스토리와 목차를 보니 더 읽고 싶은 마음이 생겼다.

책 내용은 내가 원했던 내용이라 점점 흥미진진했다. '책이 재미있네.' 그런 마음으로 물 흐르듯 읽기 시작했다. 책 속에는 자기의 마음과 꿈 그리고 내 주변에 나를 도와주는 도구 등이 쓰여 있었다. 그리고 자기 생각을 직접 적어보라는 빈칸이 많았다. 그래서 생각나는 대로 글을 쓰기 시작했다. 그런 내 모습이 왠지 모르게 뿌듯했다.

어느새 동대구역에 도착했다. 그동안 계속 그 책을 보고 있었던 내 모습에 신기하기도 하고 즐거웠다. 그러면서 나도 어느새 그 작가처럼 꿈 설계사가 되고 싶다는 마음이 생겼다. 그리고 그다음 날 바로 행동으로 옮겼다.

꿈 설계사 명함을 만들어 제일 가까운 친구들에게 나눠줬다. 그때 들은 말이 아직도 생생하다. '꿈 설계사? 혹시 보험설계사 같은 거야?' 그래서 난 내가 본 그 책에 대해 열심히 설명해주었다. 대체로 반응은 부정적이었다. 약간 비아냥거리는 느낌이랄까? 그렇지만 난 그때 그 책에 미쳐 주변 반응에 아랑곳하지 않고 새벽까지 나에 대한 글을 시작하기도 했다. 미래 일을 과거형처럼 글을 막힘없이 술술 썼고 그때부터 카카오스토리, 네이버 밴드 등 SNS에 짧은 글이나마 매일매일 썼다. 확실히 글을 쓰다 보니 재미있고 글 실력도 나아졌다. 그때 처음으로 '책을 쓰고 싶다'란 마음이 들기 시작했다.

시간이 지나면서 주변 사람들이 내 글에 호감을 보이고 좋아해주기 시작했다. 글을 쓴다는 것은 지금까지도 쉽지 않은 반응과 행동이다. 그동안 짧은 글은 매일 일상처럼 썼던 것 같다. 책을 읽는 것은 나에게 힘든 일이지만 글을 쓰는 것은 자연스러운 일이 되었다.

나는 항상 연필에 대한 기억이 있다. 내가 돌잡이 때 연필을 잡았다고 했다. 그럼에도 난 공부를 못한 학생이었지만, 연필에 대한 의미는 늘 생각해왔다. 나에게 연필이란 글 쓰는 행위에 대한 행복감과 만족감이었다. 학생일 때 아버지에게 유일하게 들었던 칭찬이 "너는 글씨 이쁘게 쓴다."란 소리였다. 그래서 더 이쁘게 쓰려고 노력했다. 현재는 나만의 손글씨(캘리)를 주변 사람들에게 선물로 주기도 하고 비용을 받고 제작해주기도 한다. 누구나 자기가 잘할 수 있는 일이 있다. 그것을 알기 위해 자신에 관한 관심과 끊임없는 노력만이 필요할 뿐이다. 중요한 것은 잘하든 못하든 꾸준히 행동해야 진행해야 곧 자기가 잘할 수 있는 일이 된다는 것이다.

'책 한 권이 생각의 사고와 인생을 바꿔 준다.'란 것을 몸소 체험해본 경험이다. 모든 일은 그냥 이루어지지 않는다. 생각이 현상을 만들고 그 현상이 결과를 만든다. 보이는 것만 믿는 것이 아니라 보이지 않는 것을 믿는 것이 마음의 힘을 키우는 방법이다. 마음의 힘은 결국 자신이 원하는 바를 이루기를 위해 버티고 밀고 나가는 힘을 말한다.

어쨌든 꿈 설계사 일로 신비한 경험을 하게 되었다. 나와 비슷한 사람들을 알게 되었고 다양한 지인분도 알게 되었다. 그리고 다양한 부류의 사람들을 통해 나만의 꿈 프로그램을 더 알차게 기획하게 되었다. 뭔가 창작하고 만들어낼 수 있다는 것은 나에게 꿈의 도구였다.

사람들은 손으로 뭔가를 만들어내는 것을 타고난 재능이라고 생각한다. 뭐 그럴 수도 있지만 내가 꾸준히 해보지 않고는 모르는 일이다.

만약 이 책을 읽고 계신 독자분 중 자기는 손재주가 없다고 한다면 지금 당장 종이에 자신의 이름부터 이쁘게 써보는 연습부터 해라. 난 처음에는 생각나는 대로 글을 끄적끄적 낙서하기 시작했고 지금은 내가 쓴 문장을 캘리로 써서 작품을 만들고 있다. 그렇게 되기까지 20년 세월이 흘렀다. 너무 시간이 오래 걸린다고 하겠지만 뭐든 하다 보면 시간은 금방 지나간다. 소소한 얘기도 좋으니 자신에 대한 글을 써라. 매일 글을 쓰면 어느새 내 글은 나 혼자만의 글이 되지 않는다. 왜냐하면 혼자 보기 아까워 누구에게 보여주고 싶은 욕구가 생기기 때문이다. 나도 그랬다. 그래서 이렇게 책을 쓰게 된 것이다.

"시작은 미약하나 그 끝은 창대하리라"라는 말이 있지 않은가! 나도 했기에 당신도 할 수 있다. 자! 생각한 대로 마음먹은 대로 그리고 바로 움직이자.

이기적이어야 산다

    사람은 자신이 처한 환경에 따라 생각하고 행동한다. 그러나 꿈은 자신만 꿀 수 있기 때문에 이제는 자신을 위해 이기적일 필요가 있다. 흔히 개인주의라고도 한다. 한국 정서상 개인주의는 자기밖에 모르는 것으로 생각한다. 나도 예전에는 그렇게 생각했다. 그러나 여기에서 말하는 개인주의는 어떠한 환경이라도 자신을 좀 더 생각하고 자신에게 배려하자는 의미이다.

    누구에게나 꿈을 꿀 기회가 있다. 꿈을 이루지 못하거나 생각조차 하지 못한 사람들은 자신보다 가족이나 다른 누군가의 영향으로 꿈이 좌초되거나 실현되지 못하는 경우가 많다. 살다 보면 이런 말이 종종 들려온다. '저 사람은 참 못되고 자기밖에 모르는 이기적인 사람인데 돈도 많이 벌고 자신이 하고 싶은 것을 하는 거 보면 세상이 너무 불공평해.' 그전에는 그 말의 의미를 그냥 아! 저 사람은 이기적인 사람, 나쁜 사람이다, 딱 그 정도만 생각했다. 그러나 살다 보니 그것은 자신이 이루지 못한 것에 대한 푸념, 질투 어린 소리밖에 되지 않는다는 걸 알았다.

그렇다면 우리가 흔히 얘기하는 이기적인 사람이 잘 되는 이유가 뭘까? 그들의 공통점은 대체로 자신이 하고 싶은 일에 관심과 초점을 둔다는 점이다. 그러다 보니 가족이나 주변 사람들에게 의도치 않게 상처를 주거나 힘들게 하는 경우가 종종 발생한다. 자신은 잘될지 모르지만, 주변 사람들에게 좋은 소리는 못 듣게 된다.

여기서 잠깐!
'우리는 우주 파장인(드림인)이다. 사람과 사람 관계는 아주 중요하므로 내 꿈도 소중하듯 타인의 마음도 헤아리는 자세가 중요하다. 그래야 더 좋은 에너지가 연결된다.'

내가 하고 싶은 말은 남에게 상처 주면서까지 그 일을 하자는 것이 아니다. 하지만 주변 눈치를 보느라 멈칫멈칫하지 말고 가족의 말에 상처받거나 휘둘리지 말고 '나 자신의 마음과 생각에 귀 기울이자'라는 뜻이다. 그리고 내가 그것을 강하게 원한다면 때론 이기적일 필요가 있다는 것이다. 주변의 부정적인 말로 시작조차도 못 하고 포기하는 대신 나를 우선으로 생각할 필요가 있다는 말이다.

나를 위해 이기적으로 살기 시작한 것은 30대부터였다. 그때는 일과 가정을 병행하면서 살아가기 바빴다. 그러던 어느 날 처음으로 집단상담의 기회가 있어 받게 되었다. 그때 울산장애인부모회 회원으로 그런 기회를 얻게 되었다. 상담 장소는 보건소 1층 모자보건실이었고 장애아 엄마들이 20명 정도 있었다. 처음에는 서로 눈치 보면서 얘기가 없다가 한 사람이 시작하니 곧 그곳은 눈물바다가 되었다. 서로의 공감대가 형성되니 그 사람의 얘기가 꼭 내 얘기인 양 너무나 가슴에 와닿았다. 일주일에 한 번씩 해우소가 된 그 공간에서 눈물은 웃음으로 바뀌었다. 그리고 어느새 한 달이 끝날 무렵 상담 선생님께서 이런 말씀을 하셨다.

"제가 다음 주부터 우리 센터에서 정신 역동적 대인관계훈련 프로그램을 시작하는데, 어머니 중 2명 정도 참가하실 분 계신가요? 참가비는 무료입니다."

난 주저하지 않고 바로 손을 들었다.

"네~ 저 신청하겠습니다."

집단상담이 끝날 무렵부터 난 1년 반 동안 대인관계훈련, 부모 자녀의 대화법, 현대의 적극적 부모 역할 훈련 및 성격유형 검사 등 다양한 공부를 하게 되었다. 그리고 없던 자존감이 생성되면서 나의 유년 시절을 글로 표현하고 발표하는 시간을 갖게 되었다. 지금 생각해보면 참 잘 선택했던 순간이다. 나를 제대로 알고 이해하는 시간이 필요했다.

앞에 얘기한 것처럼 우리는 특히 가족에게 서로 상처 주고 상처받는 행동을 아주 서슴없이 하게 된다. 나도 아마 가족들에게 상처를 준 행동이 많았을 것이다. 그래서 그 교육 이후 나에게 많이 집중하고 내가 원하는 교육을 찾으면서 배우기 시작했다. 그리고 그 시간이 기다려

고 설레고 기분이 좋았다. '공부란 자신이 간절히 원하는 것을 할 때 집중이 되고 더 확대된다.'

　사람이 살아오면서 자신의 과거 어린 시절을 다시 되짚어 정리해보는 시간을 갖기는 어렵다. 만약 그런 시간이 주어진다면 피하지 말고 한번 해보기를 권유한다. 지금 당신의 삶은 과거, 현재, 미래가 이어져 있다. 현재를 산다고 과거의 영향을 받지 않는 것도 아니고, 현재를 산다고 미래의 영향이 미치지 않는 것도 아니다.

　그러니 현재의 나는 과거의 나요, 미래의 나이다. 그것을 잘 이해한다면 현재의 모습에서 과거의 나를 발견하고 미래의 나를 찾을 수 있다. 이런 과정은 자신을 탐색하는 과정이다. 앞서 언급한 '너 자신을 알라'는 소크라테스의 명언은 자신을 진정으로 아는 것이 그만큼 중요하다는 것이다. 그래서 나는 이렇게 인용하고 싶다. '네 꿈을 알라' 이제 자신을 꿈을 위해 나부터 챙기고 잠시 이기적이어도 된다.

현재의 모습에서
과거와 미래의 나를 찾자

'우리는 우주 파장인(드림인)이다. 사람과 사람 관계는 아주 중요하므로
내 꿈이 소중하듯 타인의 마음을 헤아리는 자세가 중요하다.
그래야 더 좋은 에너지가 연결된다.'

현재의 나는 과거의 나요, 미래의 나다.
그것을 잘 이해한다면 현재의 모습에서 과거의 나를 발견하고
미래의 나를 찾을 수 있다.

삶은 살면서 알아가는 것

사람들은 타인과 같은 생각과 행동을 통해 소속감을 느낄 때 행복을 느낀다. 행복이란 일상에서 느끼는 사소한 좋은 경험이다. 특히 전혀 몰랐던 사실이나 현상을 알기 시작할 때는 자신이 더 의미 있는 사람, 가치 있는 사람이라 느끼게 되는데 그것이 쌓이면 존재감으로 다가온다. 나 또한 그 소속감을 직접 만든 경험을 이야기하려 한다.

2011년 6월 20일 다음 카페에 '꿈꾸는 정원(시크릿)' 카페를 만들었다. 나의 멘토 사크의 영향으로 꿈 설계사의 꿈을 갖게 되었고, 학습동아리까지 개설하게 되었다. 그리고 난 학습동아리 회장이 되었다. 처음에는 회원 7명으로 시작했다. 그 회원들은 오래된 나의 국민학교 친구들이다.

사실 친구들도 이 모임의 취지를 잘 알고 들어온 것은 아니다. 초중고를 함께한 30년 지기들은 키 작고 조용하고 자기 의견을 잘 표현하지 않던 친구가 꿈을 계발하는 학습동아리 회장이 된다는 사실을 인정하고 싶지 않았을 것이다. 그리고 그 시간에 뭔가 배우고 서로 토론하고 글을 쓰고 하는 행동을 아주 생소해하고 낯설어했다. 그래서 한 시간은 그냥 이야기하고 나머지 시간에 맥주 한잔하자 이런 식으로 제안해서 이 모임을 결성하게 되었다. 쉽게 얘기해서 꼬드긴 거다.

지원금이 있어 내가 아는 강사분을 섭외해서 강의도 듣게 해주고 자신의 성격검사도 처음 해보고 주부로서 해보지 않았던 행동을 하게 되었다. 낯설어하면서도 점점 재미있어하고 즐거워하는 모습을 보니 회장으로서 기분이 좋았다. 그리고 1년 후 우리만의 워크숍을 개최하게 되었다. 내가 꿈꿔왔던 장면이다. 그래서 '꿈꾸는 정원(시크릿) 제1회 워크숍' 현수막과 꿈 워크북도 직접 내가 디자인하고 제작했다. 꿈에 그리던 워크숍을 친구들과 함께하다니 마음이 너무나 벅차올랐다. 그리고 그 워크숍을 내실 있게 하려고 내 지인분들을 총동원해서 영향력 있는 강사들로 섭외했다. 당연히 자녀들도 함께했다. 솔직히 아이들 없이 했다면 더 심플하고 전문적인 느낌이 났겠지만, 우린 주부라 모든 것을 감당하면서 우리의 꿈을 설계해야만 했다. 그래서 더 값진 시간이 아니었나 생각이 든다.

난 모임을 하면서 사람들이 무엇을 공유하고 어느 장소에 있고 어떤 사람을 만나느냐에 따라 자신의 사고와 의식이 변화하고 자신이 원하는 방향으로 간다는 사실을 알게 되었다. 현재 그 친구들은 각자 자리에서 자신이 제일 잘하는 일로 자신만의 방식으로 살아가고 있다. 벌써 12년 전 이야기다. 가끔 모이면 그때를 이야기한다. 그녀들은 젊은 30대에서 이제는 40대 중반이 되었다. 그러나 지금이 훨씬 더 활기차고 자신감과 힘이 있어 보인다. 그리고 더 젊어지고 이뻐졌다.

 꿈이라는 것은 알게 모르게 자기 모습까지도 에너지 있고 밝게 보이게 한다. 그래서 더 주변 사람들에게 호감 있는 모습으로 보이고 자신 일에 좋은 영향을 주는 것 같다. 12년 전에는 30대라 뭐든지 생각하면 바로 실행에 옮겼다. 그러나 지금은 그때만큼 그러지는 못한다. 꿈과 현실 사이에서 소통하면서 생활한다는 것이 이제는 제법 익숙해졌다.

 나는 장애아이를 둔 엄마다. 내 꿈을 향해 달리다 보면 주변 식구들을 놓칠 수가 있다. 그래서 경험을 통해 서로 잘 이끌어가는 것이 중요하다는 것을 깨달았다. 주부는 혼자가 아니다. 남편이 나를 지지해준다면 더 효율적으로 진행할 수 있지만 부부 중에서 서로 성격이 맞지 않는 상황도 많이 존재한다. 그리고 아직 주부가 가정 밖에서 활동하는 것을 썩 좋아하지는 않는 가부장적인 남편도 많다. 이런 과정을 겪으면서도 주부들은 자신의 꿈으로 향하는 여정이 아직도 진행형일 것이다. 또 반대로 포기할 수도 있다.
 난 다른 사람들에게 꿈에 대한 의식과 사고를 변화시켜주는 사람이 되고 싶었지만, 이 일은 너무 추상적이라 이해받기가 쉽지 않았다. 그래서 지금 하는 일에서 그 에너지를 발산하고 있다. 지금 하는 일은 장애 인권 강사이다. 꿈, 장애, 인권도 결국은 사람이 하는 행위이기에 모두가 연결되고 함께한다는 사실이다. 그렇게 생각하고 접근하니 현재 난 꿈을 이루고 중이다.

사람은 경험을 통해 이해하고 그 경험으로 자신을 대한다. 그래서 평상시 해보지 않은 생각과 행동을 할 필요가 있다. 자신이 사는 곳이 곧 자신이기 때문이다. 스스로 변화를 주고 싶으면 내 주변의 사람과 장소 그리고 시간에 투자해라. 아마 이 이야기는 다 알겠지만 아는 것이 중요한 것이 아니라 행동하는 것이 중요하다.

그러면 생각보다 재미있는 일이 생기고 그것이 나의 직업으로 연결된다. 단 명심해라. 늘 다른 사람을 대할 때 존중하는 마음과 말을 사용해야 한다. 그것이 당신의 변화를 만들어줄 것이다. 그래서 삶이란 그냥 사는 것보다 알아가면서 사는 것이 더 행복하다.

사람은 경험을 통해 이해하고 그 경험으로 자신을 대한다.

상상을 현실로 이루다

생각만 했고 잠시 머릿속에 그림을 그렸을 뿐인데 며칠 후 몇 달 후 몇 년 후 그 현상이 현실로 나타난다면 과연 상상이라고 생각할 수 있을까? 상상이 단상으로 끝나지 않고 현실이 된 시간 속으로 떠나보려고 한다.

나의 두 번째 직업은 웹디자이너다. 원래 컴퓨터그래픽과는 인쇄, 출판, 방송 계통으로 취업한다. 그런데 나 혼자 홈페이지 제작 업체에 취업하게 되었다.

전문대는 2년 과정이라 2학년 2학기 때 취업을 나간다. 어느 날 담당 교수님이 불러서 찾아갔다.

"미라는 대구 동성로 근방에 있는 M 인터넷으로 서류를 한번 넣어봐!"

깜짝 놀라 머릿속에 기억 하나가 스쳤다. 2년 전 Y전문대 컴퓨터그래픽과 단기대학을 다닐 때 우연히 버스 안에서 내 앞에 두 여자가 대화하는 것을 들은 적이 있다. 홈페이지 하나 만들면 2백만 원 정도인데 프리랜서로 활동하면 좋을 것 같다는 내용이었다. 그때 둘의 대화 속 홈페이지, 웹디자이너라는 단어가 너무 궁금했다. 96년도는 인터넷이 상용화할 무렵이라 HTML 프로그램 언어로 홈페이지를 제작할 때이다.

그 대화를 까맣게 잊고 있었다. 그리고 2년 후 잠시 마음에 품었던 그 웹디자이너로 취업하게 되었다. 완전히 흥분되고 기분이 너무 좋았다. 그때는 우연의 일치라 생각했다.

규모는 아주 작았다. 사장 겸 팀장은 나보다 5살 많았고 국어국문학 전공자였다. 프로그램을 독학하여 홈페이지 업체를 차렸다고 했다. 그래서인지 더 빡빡하게 나에게 모든 것을 가르쳤다. 처음부터 새로 배우는 자세로 대표가 가르쳐주는 대로 배웠다.

대표가 나보고 색감을 알아야 한다고 해서 미술학원에 등록했다. 퇴근 후 버스로 30분 거리인 학원에서 선도 다시 그려보고 색감도 익히고 원근법도 배우고 사물 스케치도 배우면서 3개월 정도 다녔다. 그 덕분에 색감은 많이 익혔다. 그다음 배운 것이 각종 디자인 프로그램이었다. 서버에 파일 옮기는 것도 배우며 6개월을 그 직장에 다녔다.

그러다 자취 4년 차가 되니 몸이 좋지 않아 울산에 오게 되었다. 그리고 울산에서 취업한 곳이 모 인터넷 서비스 업체였다. 이곳 또한 영세한 업체지만 7년을 근무하게 되었다. 웹디자이너는 한곳에 오래 머물지 않는다. 연봉을 올리기 위해 자리를 옮기는 일이 다반사였지만 내 성격상 옮기지 않았다. 그리고 팀장(사장)이 너무 좋은 사람이라 욕심내지 않았다. 내 인생에 여러 사람 중 내 사고 의식을 바꾸게 해주신 아주 좋으신 분이다.

　　조금 복잡한 상황이었지만, 이곳을 7년 동안 다녔다. 다 팀장님 덕분이다. 교회 집사님이었던 팀장님은 아침에 회의하기 전 의식처럼 성경책을 한 구절씩 읽었다. 그렇게 읽은 분량이 성경책 한 권을 다 읽고 다시 반 정도가 되었을 것이다.

　　난 불교라 처음에는 성경책이 낯설고 부담스러웠다. 그러나 마음을 달리 먹고 성경책도 베스트셀러니 좋은 책 읽는다는 마음으로 읽었다. 그리고 성경책 구절을 다 읽으면 회의를 시작했다. 그때 주로 나눈 회의 내용은 소상공인 대상 마케팅 방안이었다. 그때 나온 아이디어 중 어떤 것은 시기적으로 너무 이른 탓에 제대로 빛을 발하지 못했다.

　　팀장님은 항상 회의할 때 내 생각을 많이 물어보셨다. 한번은 회의 전 이런 말씀을 하셨다.

　　"미라 씨, 생각이 엉뚱하고 틀려도 좋으니 머릿속에 생각나는 것을 편하게 얘기해 봐요."

그래서 처음에는 의견을 못 내다가 어차피 팀장님과 나랑 둘이라 어느 순간 내 생각을 얘기하기 시작했다. 팀장님의 반응이 예상보다 좋아서 봇물 터지듯 아이디어가 나오기 시작했다. 그리고 어느 순간 지나가다 어떤 가게가 보이거나 시장에 가서 좌판에 놓인 물건들을 보면 어떻게 하면 이분들이 장사를 더 잘 할 수 있을까 고민하며 메모하기 시작했다. 그러다 보니 회의 중 말할 것이 많아지고 그중 괜찮은 아이디어가 나오기도 했다.

어느 날 회의를 마치고 팀장님이 나에게 이런 말씀을 해주셨다.

"미라 씨한테 특별한 것이 있어요."
"제가요? 저한테 특별한 것은 그다지 없는데요." 하고 기분 좋으면서도 어색하게 웃었다.

그러자 팀장님이 이렇게 말씀해주셨다.

"미라 씨한테 달란트가 있어요."
"달란트요? 달란트가 뭐예요?"
"달란트는 아주 특별한 능력인데, 미라 씨는 아이디어를 생각하는 능력이 뛰어난 것 같아요."

태어나서 나한테 이렇게 과하게 칭찬해주신 분은 이분이 처음이다. 그리고 한동안 내 머릿속에서 '달란트'가 떠나가지 않았다. 그것이 열심히 메모를 더 많이 하게 된 계기가 되었다. 누군가의 말 한마디에 생각이 바뀌고 행동하게 된 것이다. 지금도 그분은 내 인생의 좋은 멘토이다. 기록의 힘은 현재 나를 있게 해주는 원동력이고 지금도 운전하다가 라디오에서 좋은 멘트나 단어가 나오면 적는 습관을 들이게 했다. 단 정리를 잘 못 하는 성격은 늘 아쉽다. 집에 종이 서류가 엄청나다. 누가 보면 공부 진짜 열심히 하는 줄 알지만 내가 관심 있는 부분만 많이 적고 남겨둬서 그렇다.

그 이후 큰딸의 장애로 인해 출근할 수 없어 재택근무를 몇 개월 했다. 사무실에 디자이너는 달랑 나 혼자인데 회사에 민폐를 끼치면 안 될 것 같아 결국 퇴사하고 프리랜서로 활동하게 되었다.

96년 Y전문대 단기대학 다닐 때 버스 안에서 우연히 들었던 프리랜서 웹디자이너라는 일을 10년이 지나 하게 되었다. 시간이 오래 걸렸지만 생각하면 생각한 대로 결과물은 비슷하거나 같게 된다는 점을 난 알고 있다. 그때 메모를 기록하면서 나중에 좋은 이야기로 책을 내고 싶다고 생각했다. 이것도 10년 걸린 것 같다.

뭐든 꾸준히 하다 보면 기회가 생기기 마련이다. 내가 하는 행위는 다 이어져 있다. 아마 계속 이런 말은 중간중간 또 나올 것이다. 그러니 지금 하는 일, 생각하는 일이 있다면 포기하지 말고 그저 꾸준히 이어가라. 그러면 당신이 원하는 모든 일이 가능해진다.

제2장

달팽이 프리즘 정원에 가다

Realize

꿈꾸는 정원 친구들

혼자 꿈꾸는 것도 좋지만 여럿이 함께 성장하고 배우면 더 좋다. 사람이 가진 능력이 다 다르기에 함께할 때 그 꿈은 더 빛을 발한다. 혼자만의 꿈을 다른 이와 함께할 수 있는 꿈으로 시작한 모임의 첫 결성에 관한 이야기다.

2011년 평생교육 학습동아리를 시작할 때쯤이다. 난 그해 6월 21일 다음에 카페를 만들었다. 카페 이름은 '꿈꾸는 정원(시크릿)'이다. 마냥 생각만 했던 '꿈꾸는 정원'과 '시크릿' 두 단어를 조합해서 만들었다. 그다음은 학습동아리를 구성하기 위해 사람이 필요했다. 주변에 아는 지인이 없을 때라 오래된 친구들이 생각났다. 학창 시절을 같이 보낸 30년 지기이다. 처음에 꿈 학습동아리를 만들자고 했을 때 친구들이 웃었다.

"무슨 꿈 꾸는 동아리야?"

약간 못 미덥다는 느낌으로 망설였다.

그러나 난 끊임없이 '같이 해보자. 우선 이름만이라도 올릴게' 하고 부탁했다. 그리고 총 7명이 모여서 동구청 평생교육과에 신청했으나 담당자는 너무 추상적인 모임인 것 같으니 독서동아리로 등록하라고 권유했다. 그러나 난 그대로 밀고 자기계발로 등록했다. 그때만 해도 주부가 모여 꿈 학습동아리를 만든다는 게 비효율이라 생각했던 시절이다. 그러나 나는 동아리 등록 목적을 '주부가 아닌 한 사람의 존재로서 자신의 가치를 발견하고 성장할 수 있도록 원동력이 되어주는 모임'이라 기록했다. 그리고 동아리로 등록한 후 울산평생교육진흥원에 학습동아리 지원금을 신청하여 승인받으면서 회원들에게 성장할 수 있는 프로그램을 기획할 수 있었다. 그리고 전문 강사를 섭외해서 회원들에게 제공했다.

하습동아리를 운영하고 기획하고 프로그램을 진행하면서 발견한 점은 구성원 모두 학교 교육 때 말고는 자신을 위한 글을 쓰는 행위가 없다는 거였다. 그만큼 회원들은 생소한 경험을 시작하게 된 것이다. 모두가 자기 삶을 위해 전체 그림을 그려본 적이 없었고 구체적으로 무엇을 원하는지도 모르고 살아가고 있었다.

삶은 선택과 결정의 연속이다. 끊임없는 자신의 탐구가 중요하다. 그래서 서툰 글이라도 계속 자신만 생각하고 써보는 연습을 시켰다. 처음부터 쉽지 않았다. 무슨 글을 써야 할지 생각도 많이 막혀 있었고 주저주저 글을 쓰기가 어려웠지만 서로 함께하다 보니 즐겁고 재미있게 자신의 마음을 글로 표현하기 시작했다. 그리고 사물에 대한 인식도 조금씩 넓혀가는 훈련을 함께 진행했다. 우리는 사물을 사물로만 보는 것이 일반적이다. 그러나 의미를 부여하는 감각을 키우는 것도 핵심이기에 과정으로 넣었다.

회원들은 사물에 의미를 붙이는 일이 어색하다고 했다. 그러나 이러한 과정은 생각의 의식을 확장하는 데 아주 중요한 행위이다. 회원에게 진행한 꿈 프로그램 중 하나를 소개하겠다. 주변에 눈에 띄는 사물 하나를 선택하게 했다. 그리고 그 사물에 의미부여 하는 문구를 불러주었다.

예를 들어 마우스를 선택하면 '꿈은 마우스이다. 왜냐하면, 내가 클릭하면 내가 원하는 정보를 알려준다.' 이 한 문장을 채울 수 있도록 6개월 정도 동아리 활동을 했다. 생각보다 회원들은 잘 따라왔다. 모든 구성원이 친구이다 보니 처음에는 진지하지 않았지만, 시간이 지나갈수록 신중하고 집중하는 태도를 보이기 시작했다. 그때 작업한 꿈 작품들은 아직도 내가 보관하고 있다. 벌써 12년 전 일이다. 그리고 어느정도 스스로 글을 쓸 수 있을 정도가 되고 나서는 모임 장소에 신경을 썼다.

사람의 변화에는 3요소가 있다. 시간, 공간, 인간이다. 한 달에 한 번 정해진 날, 정해진 시간에 공간은 조금 특별한 곳이 필요할 것 같아 이쁘고 작은 카페를 선정했다. 회원 각자 하는 일이 있어 서로 돌아가면서 30분 동안 자신이 있었던 사건, 일을 강의식으로 발표하는 시간을 가져봤다. 첫 발표는 잘 따라오는 회원부터 시작했다. 자신이 잘하는 일이라 말로 표현하기 쉬웠다. 한 친구는 피자가게에서 피자 만드는 일을 한다. 그 일의 과정을 모르는 우리에게 피자를 만드는 순서, 포장하는 방법 등 재미있는 에피소드를 곁들여 잘 발표했다. 부동산에 관심이 많은 친구는 부동산을 발표하고 속독 자격증이 있는 친구는 속독하는 방법을 가르쳐주었다. 본인이 스스로 생각하고 활동함으로써 모두가 점점 자신감 있는 모습이 되었다.

첫 모임 때 만든 팀 빌딩 구축 작업 표가 있다.

팀명	꿈꾸는 정원(시크릿)
우리 팀만의 구호	생각대로 말한 대로 행동한 대로 생각대로 콜!
팀 내 역할 나누기	리더 한미라, 서기 경양, 총무 서영, 팔로십 진희, 분위기 메이커 영영, 재무담당 수예
팀 규칙	온라인 카페 출석 체크(일주일 2~3번 실천), 사소한 일상생활 적기, 자기 자랑 나 이런 사람이야!
우리 팀원들의 공통점	초중고 동창, 적극성을 띤다, 유부녀, 원하는 것이 있다, I can do it!
팀 목표	풍요로운 삶의 질 향상
지속적인 팀 네트워크를 위한 실천 계획	회원 수 늘리기, 번개팅(문화공유)

우리는 처음부터 구체적으로 구성했다. 지금 다시 보니 꽤 나름 진지하고 체계적이다. 그리고 남구 회원으로 구성된 드림아이엔지 꿈 학습동아리도 만들었다. 두 동아리의 회장으로서 활동은 따로 했지만 2013년 꿈꾸는 정원, 드림아이엔지 꿈 학습동아리 첫 워크숍을 함께 개최했다. 당연히 두 동아리 회원들의 만남도 있었고 기획된 워크숍을 실시했다. 워크숍은 1박 2일로 1, 2부로 진행했다. 1부는 강사 4명을 섭외했고 2부는 강사 1명과 회원 중 한 명이 강의를 진행하는 순으로 마무리했다. 다시 보니 나름 알찬 기획이었다.

현재 그 친구들은 자기 일에 충실히 잘살고 있다. 그 모임을 계속하진 않지만 만나면 아직도 잊지 않고 기억하며 여전히 꿈을 꾸고 있다. 내 나이 50세가 되면 다시 시작해볼까 한다. 내 주변 사람들은 곧 나다. 그러니 좋은 사람들과 함께하라. 좋은 사람이란 자신의 길을 잘 알고 열심히 살아가는 사람을 말한다.

삶은 선택과 결정의 문제이다.
끊임없는 자신의 탐구가 중요하다.

열려있는 프리즘 꿈정원

우리에게 공부란 어떤 느낌일까? 학창 시절 공부는 나에게 재미없고 지루하고 머릿속을 멍하게 하는 것이었다. 그러나 나이가 들면서 난 나만의 방식으로 공부하고 있다. 각자 자기만의 공부 방식을 뒤늦게 아는 경우가 있다. 그 방식은 스스로 알고 익혀야 한다. 그렇기에 모르면 배우는 행동을 멈춰서는 안 된다. 다음은 방동내 편입 후 꿈 활동한 내용이다.

2013년 한국방송통신대학교 교육학과 2학년으로 편입을 했다. 평생교육사 자격증이 필요해서 다시 공부를 시작했지만 쉽지 않은 과정이라 중간에 그만두게 되었다.

그때 교육들은 나에게 충분히 좋은 영향을 주었다. 수업 청강할 때는 울산지역대학으로 가서 직접 교수님 강의를 들었다. 온라인으로 듣는 것보다 훨씬 더 내 눈과 귀를 사로잡고 빠져들었다. 나의 수첩에는 내 꿈의 프로그램과 교수님의 강의를 접목해서 적어둔 것이 많다.

강의 중 삶이란 '살다'와 '알다'를 합한 단어라는 것을 들었다. 그때 마침 멘토이신 김지영 소장님이 행복한 교육연구소 로고를 부탁하셨다. 때마침 강의 중 삶의 의미를 듣고 바로 스케치를 했다. 김지영 소장님에게 스케치한 이미지를 캡처해서 보내니 마음에 꼭 들어 했고 그것으로 결정이 되었다.

행복한 교육연구소는 남녀노소 평생교육센터로 다양한 프로그램을 소장님이 직접 연구 개발하고 강의가 이루어진 곳이다. 내가 여기에서 얘기하고 싶은 것은 자신이 있는 곳에 어떤 생각으로 집중하느냐에 따라 다 연결된다는 것이다. 창작 또한 혼자 생각한다고 이루어지는 것은 아니다. 어떤 책이나 강의를 통해 아니면 대화 속에서, 일상 속 길거리 등 모든 현상에서 창조를 만들어낼 수 있다. 그런 생각과 행동이 나의 몸에 점점 익숙해지고 있었다.

그러던 중 방통대 교수로 계셨던 소장님이 같은 과 학우들에게 꿈 강의를 해주면 좋겠다고 제안했다. 그리고 날짜를 정해 울산지역대학 강의실에서 교육학과 선배님들에게 꿈 강의를 했다.

처음에 학우들은 꿈에 대한 생소한 접근에 어리둥절했지만, 나의 경험을 꿈으로 접목해서 이야기를 풀어내니 매우 흥미로워하고 재미있어 했다. 꿈은 추상적인 단어이기에 현실에 맞게 풀어서 이야기해야 평범한 사람들이 이해할 수 있다. 그때 사용한 발표자료 중 "꿈 성장프로젝트 DREAM"이라는 제목이 있는데 내 식으로 '꿈'이라는 단어를 해석했다. "Daily Rewake Emotion Action Micro movement" 매일 다시 깨어나며 감동이 끌리는 대로 움직인다. 이것이 프리즘 꿈정원이다.

우리는 늘 아침을 맞이한다. 하루의 시작은 중요한 감정의 첫 출발인 셈이다. 사람들은 저마다 좋은 감정이나 나쁜 감정으로 하루를 시작한다. 이왕이면 나에게 주어진 이 소중한 아침에 좋은 감정으로 시작하는 감각과 행동을 인식하자는 뜻이다.

그리고 하루 동안 일어나는 모든 사건 속에서 아주 사소한 일이라도 특별한 감정으로 귀하게 여기는 행동이 모이면 감동으로 다가온다는 뜻이다. 그런 좋은 감정과 사소한 사건을 대하는 감정이 작은 행동으로 모이면 비로소 내가 원하고 바라는 꿈의 원동력, 즉 에너지를 발휘할 수 있는 꿈 요소가 된다는 것이다. 이런 작은 행동들은 달팽이가 움직이듯 진행이 더디게 느껴질 수 있지만, 어느새 자기가 가고 싶은 목적지로 가고 있다.

우리도 마찬가지다. 나에게 주어진 환경 속에서 최소한의 만족감을 스스로 발견하고 조금이나마 만족감을 느낄 수 있는 여유를 찾는다면 그다음에는 무엇인가 변화를 맞이할 힘이 생긴다. 그것이 '자신만의 힘 바로 에너지다.'라 강의했다.

평상시 나의 행동과 습관 그리고 말투 등 이 모든 것은 당신이 불러온 것이며, 이제부터 나의 행동을 프리즘 꿈정원에 맞추게 되면 다양한 생각과 행동을 통해 조금씩 내가 원하는 방향으로 끌고 갈 힘이 생긴다는 말로 강의를 마친 후 비로소 학우들에게서 박수 소리 듣게 되었다.

대부분 강의 후 소감으로,

"이런 강의는 태어나면서 처음이다. 꿈은 나와 상관없는 여유 있는 사람들에게나 있는 것으로 생각했다. 살기 바쁜데 뭔 꿈을 갖겠냐고 생각했는데 오늘부터라도 5초 5분 동안이라도 나를 위해 집중하는 시간을 가져보겠다. 오늘 알게 되어 영광이다."

라고 말씀해주시니 내가 더 영광이고 기분이 너무 좋았다. 나의 경험이 학우들도 함께 알았으면 하는 바람으로 강의했는데 공감해줘서 매우 기뻤던 기억이 난다. 그때 사용한 PPT, 단체 사진은 아직도 소중히 간직하고 있다. 그 후 가끔 청강 수업 때 만나면 반갑게 인사해주고 캔 커피 한 잔도 뽑아 주면서 지금도 그때 그 사람들과의 인연을 이어가고 있다.

말은 생각을 만들고 생각은 몸을 움직이게 하고 몸은 당신 가는 길에 힘을 준다. 비록 삶이 넉넉하지 않더라도 당신이 원하는 바를 잊지 말아라. 당신은 생각보다 더 강한 사람이므로 스스로 믿어라. 그것을 알기 위해 당신 자신부터 좋은 사람이라는 것을 되새기자. 다시 말해서 좋은 사람은 자신을 잘 알고 열심히 살아가는 사람을 말한다. 당신도 가능한 사람이다.

말은 생각을 만들고
생각은 몸을 움직이게 하고
몸은 당신 가는 길에 힘을 준다.

경험은 환경을 지배한다

자신의 고정관념과 편견은 어쩌면 스스로 불행하게 한다. 사람은 혼자 살아갈 수 없다. 그렇다면 나와 다른 사람을 이해하는 수준에 따라 당신 삶의 질도 달라질 것이다. 꿈도 마찬가지이다. 꿈은 편견이 없다. 그래서 꿈을 꾸는 사람은 때론 유치하거나 단순해 보일 수도 있지만, 자신에게 주어진 삶에 희망을 품고 산다.

누구나 살아가다 보면 자의든 타의든 죄를 지을 수 있다. 그들이 가는 곳이 바로 구치소(감옥)이다. 그렇다면 그곳에 있는 사람들은 과연 꿈을 어떻게 인식하고 있을까? 그곳에서 강의 중 느꼈던 상황을 이야기하려 한다.

어느 날 김지영 소장님한테 전화 한 통이 걸려 왔다. 말인즉슨 소장님에게 들어온 구치소 강의 시간이 맞지 않아 나를 추천했다며, 그곳에서 꿈 강의를 한번 해보라는 전화였다.

"제가요? 그곳에서 꿈 강의를요?"

조금 당황하면서도 기뻤다. 왜냐하면 사실 꿈 강의하고 싶은 장소 목록에 그곳이 있기 때문이다. 그전에 어느 지인이 구치소에 강의를 들어간다는 소리를 들은 적이 있었다. 나도 막연하게 '그곳에 계신 분들이야말로 꿈 강의가 더 필요할 건데'라고 생각했다. 그런데 나의 멘토이신 소장님이 내 마음을 안 듯 추천해주셔서 그곳에서 꿈 강의를 시작하게 되었다.

첫 구치소 방문 때가 생각난다. 시내에서 조금 떨어진 외진 곳에 흰색 큰 건물이 보였다. 정문을 통과할 때 차에서 내려 신분증을 확인한 후 들어갈 수 있었다. 주차하고 한참 주변을 둘러본 후 건물 안으로 들어갔다. 그곳에 담당 교도관님이 나와 계셨다. 서로 인사를 나누고 보안 문제로 내가 가지고 온 가방과 휴대전화는 사물함에 넣었다. USB만 들고 잠긴 철문 세 군데를 통과한 후 교육 담당 부서에 도착했다. 그곳의 직급 있으신 분 방에서 차 한 잔 대접을 받고 천천히 기다리고 있었다. 그리고 수감자분들이 강의실에 모였으니 이제 가셔도 된다는 말과 함께 일어났다.

그때의 떨리는 마음은 이루 말로 다 할 수 없다. 나의 선입견과 편견으로 수감자를 생각했기 때문이다. 어느새 강의실에 도착하여 들어가고 말았다. 똑같은 수의를 입은 남자들이 조용히 앉은 채 나를 쳐다보았다. 그때 그 눈빛들이 아직도 생생하다. 정말 떨렸다. 마음속에서 '너 할 수 있겠니, 잘하자 미라야'하고 스스로 응원을 보냈다. 그리고 이분들도 이 내용을 알아야 한다는 신념으로 강의할 때라 그냥 내 마음대로 밀고 나간 힘이 있었던 것 같다.

처음에 내 소개를 하고 고개를 딱 드는데 10대부터 60대까지 다양한 연령대의 남성들이 30명 정도 있었다. 우선 그분들도 안 봤을 것 같은 시크릿 영상 중 꼭 필요한 장면을 보여줬다. 그것이 바로 끌어당김의 법칙이다. 내가 관심을 가지고 생각하는 것이 바로 현재 당신의 모습이다, 라고 했다. 이 말을 하면서 사람들의 표정을 보았다. 부정하고 싶은 마음도 있고 인정하는 마음도 있었다.

난 확신에 차서 그들에게 질문했다. 그리고 미친 듯이 1시간 강의를 마친 후 그분들에게 임팩트 있는 뭔가를 남겨야겠다 싶어 그 자리에서 준비했다. 아주 사소한 것 같지만 자신에게 주어진 명령 글이다. 이것도 미리 교도관님한테 여쭤보고 허가받은 프로그램이라 준비할 수 있었다. 구치소에는 어떠한 물건도 들일 수 없기 때문이다. 강의하기가 아주 까다로운 장소이다. 난 철학자들이 남긴 글 중에 이분들에게 적합한 명언 세 문장을 찾았다. 그리고 A4에 명언 세 문장을 반복해서 쓰도록 하고 한줄 한줄 잘라서 딱지 접듯 접어 비닐 팩에 다 집어넣었다. 그럼 딱지 하나에 명언 한 줄씩 있는 셈이다.

강의를 마친 후 그 비닐 팩을 돌리며 한 사람에 한 개씩 잘 신중히 생각해서 쪽지를 잡으라고 했다. 30명까지 돌고 난 뒤 교도관이 맨 뒤에서 그 비닐 팩을 가지고 오셨다. 그리고 수감자분들에게 펼쳐보라고 했다. 그 문구는 지금 당신에게 꼭 필요한 말이니 각자의 공간에 가서 하루에 아침, 점심, 저녁 꼭 3번씩 소리 내어 읽어보라고 전했다. 그러자 20대 수감자가 손을 들었다. 한 번 더 뽑고 싶다 했다. 그래서 정말 원하시면 그러시라고 다시 뽑게 했다. 그런데 앞에 나온 것과 똑같은 문구였다. 다시 또 뽑고 싶다고 해서 또 해보시라고 했다. 마지막 쪽지를 뽑은 그 20대 수감자가 웃었다.

"강사님, 진짜 신기해요. 3번 다 똑같은 문구예요." 은근히 좋아하는 모습이었다.
"선생님이 지금 뽑은 문구는 정말 절실하게 선생님에게 필요한 문구예요."

그때 그 문구는 이렇다.

"모든 사람은 탄복할 잠재력을 가지고 있다. 자신의 힘과 젊음을 믿어라. 모든 것이 내가 하기 나름이다. 끊임없이 자신에게 말하는 법을 배우라!"
—앙드레 지드

큰소리로 읽어보라고 하니 그 젊은 수감자가 읽기 시작했다. 그리고 간직하고 싶다고 했다. 그 말을 들으니 두근거렸다. 30명 중 한 사람이라도 뭔가를 느끼고 알았다면 성공했다는 생각이 들었다. 그리고 강의를 마친 후 담당 교도관님이 나에게 다가와서,

"강사님, 정말 좋은 강의였습니다. 이런 프로그램이 수감자분들에게는 아주 큰 도움이 될 것 같습니다. 다음 달에도 또 와주시면 감사하겠습니다."

라는 말을 전했다. 그 뒤 1년 동안 그 구치소에서 꿈 강의를 했다.

사람은 누구나 살아가면서 이런저런 죄를 짓고 살아간다. 큰 죄부터 사소한 싸움 그리고 악한 감정까지 인간관계에서 아주 깨끗하게 살아가기는 쉽지 않기에 우리는 늘 시험대에 오른다. 당연히 죄를 지으면 안 된다. 인생은 공짜가 없다. 그만한 대가를 치러야 우리는 자기 삶을 알게 된다. 지금까지 살아온 경험을 통해 스스로 결정하고 자신의 환경에 굴복당하지 말고 당당히 나서자.

자신의 고정관념과 편견은
어쩌면 스스로 불행하게 한다.

꿈이 행복을 더하다

그들은 우리와 다를 바가 없다. 단지 우리의 착각일뿐이다. 나와 다른 사람을 이해한다는 것은 배려가 아니다. 이해는 상호존중이기에 누가 누구를 특별하게 생각한다는 것은 자기만의 착각이다. 우리는 함께 살아가는 서로 다른 정체성을 가진 사람이다. 나 또한 착각했던 사람 중 한 사람으로서 그들의 꿈을 자세히 알게 된 이야기이다.

2012년 11월쯤 울산 남구에 위치한 장애인 주간 보호센터에 드림아이엔지 꿈 학습동아리 회원들과 함께 방문했다. 이곳은 장애인들이 낮 동안 안전하게 보호받음으로써 장애인 가족과 보호자의 양육 부담을 줄이고 가족들이 원만한 사회 활동과 경제활동을 할 수 있도록 돕는 돌봄센터로 보면 된다. 다른 한편, 다양한 프로그램을 통해 장애인의 개인 관리 능력 및 사회 적응력을 향상해 사회의 한 구성원으로서 독립할 수 있도록 지원하는 곳이기도 하다.

그곳에 다니는 발달장애 청소년들이 수업을 마치고 각각 다른 방에서 휴식을 취하고 있었다. 그 친구들의 꿈 프로그램을 위해서 제일 큰 교실에 다 모이니 10명 정도가 되었다. 인원은 3명씩 세 그룹을 나눠서 앉게 했다. 사실 초·중·고등학생, 성인, 노인, 구치소 수감자 등 다양한 대상으로 꿈 프로그램을 해봤지만, 발달장애 청소년들이 꿈 프로그램을 잘 따라와 줄지 의구심을 가졌다. 그러나 우리는 천천히 그 친구들과 이야기도 나누고 과자도 함께 먹으면서 유대관계를 가져보았다. 그리고 어느 정도 시간이 흘러 발달장애 친구들에게 '꿈이 있나요? 꿈은 쉽게 얘기해서 내가 제일 좋아하고 갖고 싶고 가고 싶은 곳이에요.' 라고 설명했다. 그리고 아이들은 각자의 꿈에 관해 이야기를 시작했다.

"저는 빵 먹는 게 좋아요."
"저는 엄마가 좋아요."
"저는 선생님이 좋아요."

각자 자신이 좋아하는 것을 말했다.

"네~ 맞아요. 꿈은 내가 좋아하는 것이나 갖고 싶은 거예요. 우리 친구들 꿈을 잘 알고 있네요."

이런 말을 하면서 왠지 모르게 이 친구들과 꿈 작업이 잘 될 것 같은 느낌이 들었다. 그런데 가만히 앉아 머리를 푹 숙이고 있는 친구가 유독 눈에 띄었다.

그리고 우린 발달장애 친구들에게 이렇게 이야기했다.

"자! 그럼 친구들 앞에 색 도화지 책이 있죠. 이 책에 내가 좋아하는 것을 글로 쓰거나 그림을 그려보아요."

아이들에게는 꿈 책을 만들어가는 과정이 어려울 것 같아 우리 회원들이 옆에서 도움을 주기 시작했다. 어느 정도 꿈 책을 완성하고 있을 때쯤 조용히 가만히 앉아 있는 친구가 열심히 색칠하는 게 보였다. 그래서 무슨 그림을 그리고 있나 가보니 빨간 소방차와 사다리차, 소방관 모자를 너무나 꼼꼼하게 잘 그리고 색칠하고 있었다. 그래서 그곳 담당 선생님께 여쭤봤다.

"혹시 이 학생 꿈이 소방관인가요?"

선생님은 그 친구가 유독 빨간색을 좋아하는데 빨간색이 있는 소방차와 소방차에서 나는 경적을 너무 좋아해서 그렇다고 했다. 이 학생의 장애 유형은 자폐성 장애. 의사소통에 어려움은 있으나 이 친구는 감각적인 부분에서 빨간색과 소방차의 경적을 좋아한다. 그래서 소방차가 그려진 책에 관심이 많고 지나가는 소방차도 자세히 관찰해서 엄청 꼼꼼하게 잘 표현할 수 있었다. 매우 놀랍고 신기했다. 그림의 수준은 그 학생 나이보다 훨씬 더 높아 보였다. 우리는 단지 그의 겉모습으로 아무것도 못 하겠다고 생각했는데 관찰 수준은 생각보다 엄청 섬세했다.

사람마다 각자의 특성이 있듯 우리는 서로 다름을 이해하고 살아가야 한다. 난 꿈도 마찬가지라 생각한다. 꿈은 각자 고유의 특성에 맞게 자신이 좋아하고 관심 두고 유심히 관찰하며 그것으로 만족할 줄 알아야 한다. 그리고 조금씩 조금씩 달팽이가 눈에 띄지 않게 이동하는 것처럼 우리의 꿈도 마찬가지이다. 자폐의 특성은 다른 사람과 소통하는 데 어려움이 있다는 것이다. 그러나 자신만의 조금 다른 방식으로 우리에게 이야기하고 있다.

난 아이들과 꿈 책을 만드는 과정에서 오히려 꿈에 대한 고정관념과 편견을 깰 수 있었다. 꿈은 어떠한 환경에서도 자신의 고유성에 따라 얼마든지 꿀 수 있다는 것을 깨달았다. 함께 간 꿈 학습동아리 회원들과 그 소방차 꿈 책을 보면서 크게 감탄하고 놀라워했다. 우리는 사람과 사물을 먼저 인식한다. 그리고 자기 경험에서 긍정보다 부정적 경험을 먼저 상기시킨다. 그러나 이번 꿈 프로젝트를 하면서 장애가 있는 아이들도 얼마든지 함께 꿈 프로젝트가 가능하다는 것을 알게 되었다.

역시 사람은 새로운 것을 시도해보고 그 경험을 통해 세상과 사물에 대한 이해의 폭이 넓어진다는 것을 새삼 깨닫게 되었다. 그리고 아이들이 다 완성되어갈 때쯤 서툴지만 한 명씩 자신의 꿈 책을 발표해보는 시간도 갖고 단체 사진도 같이 찍었다. 그곳 선생님들이 고마워하고 아이들이 재미있어 한다면서 좋아하셨다. 너무나 뿌듯하고 기분 좋은 경험이라 지금까지도 상세하게 기억에 남는다. 아직도 그 친구의 빨간 사다리 소방차가 기억이 난다.

누구나 각자의 방식으로 꿈을 꾸고 있다. 꿈은 명예, 부, 인맥이 아니다. 꿈도 행복과 마찬가지로 일상생활에 소소한 좋은 경험이다. 그 좋은 경험으로 다시 배우고 익히고 알아간다. 단지 각자의 방식으로 표현할 뿐이다. 그 표현방식은 서로 다를 수 있다. 그래서 우리는 고정관념과 편견에서 늘 깨어있어야 한다. 그것이 바로 자기 행복을 가늠할 수 있는 기준이 되기 때문이다.

꿈도 행복과 마찬가지로
일상생활에 소소한 좋은 경험이다.
그 좋은 경험으로 다시 배우고 익히고 알아간다.

가족은 가장 위대한 정원이다

  사람에게 있어 당연히 엄마, 아빠의 사랑을 받으며 태어나는 것이 가장 행복한 탄생이다. 사람으로 태어나면서 내가 선택할 수 없는 것이 있다. 부모님, 성별, 나이, 나라 등이다. 특히 부모는 나의 선택권이 없다. 당연히 그 집안 내력도 선택할 수가 없다. 그런 선택권을 가지지 못한 채 태어났지만 우리는 성장하고 자란다. 그리고 가족 환경에 따라 사람의 됨됨이가 형성되고 성격이 완성되어간다.

  그러나 여기에서 중요한 것은 사람은 어떠한 환경에서라도 자신에 대한 믿음과 신뢰가 있다면 좋은 사람으로 성장할 수 있다는 것이다. 꿈도 마찬가지로 어려운 역경에서 그 빛이 더 찬란하다. 그래서 꿈은 다양성을 추구한다. 꿈 강의 중 어느 미혼모 시설에 있었던 경험에 관한 이야기이다.

  쌀쌀한 가을 날씨 드림아이엔지 팀과 미혼모 시설에 있는 아이들에게 꿈 책 프로그램을 진행하러 갔다. 어린아이들이 책상에 둘러앉아 있었다. 인원은 대략 9명 정도였다. 조그만 체구의 아이들이 옹기종기 앉아 있는 모습을 보니 너무 귀엽고 예뻤다. 난 시설이 있는 아이들은 조용하고 낯설어하고 뭔가 쓸쓸해 보이지 않을까 생각했다. 그런데 그냥 미소가 이쁜 아이들이었다.

이 아이들에게 준비한 꿈 프로젝트는 동화책을 하나 선정해서 회원 한 분이 동화구연처럼 읽어주는 것이다. 그리고 그 책에 대한 느낌을 꿈 책에 표현하는 작업이다. 그리고 마지막 자신이 갖고 싶은 것을 그림이나 글로 표현하는 장으로 마무리한다.

어느새 동화책을 다 읽고 난 뒤 꿈 학습동아리 회원들이 2~3명씩 맡아서 꿈 책 만드는 것을 도와주었다. 동화구연을 듣고 난 뒤 느꼈던 자신의 감정을 색깔로 색칠해도 좋고 이쁜 스티커를 붙여도 좋고 아니면 그 주인공에게 하고 싶은 말을 쓰거나 각자 하고 싶은 대로 하도록 했다. 그리고 마지막 장에는 자신의 꿈을 적는 것으로 마무리 작업을 했다.

중간중간 우리가 가져간 간식도 함께 먹었다. 아이들은 참 해맑고 잘 웃고 기분 좋은 느낌이 넘쳤다. 그래서 그런지 우리 꿈 학습동아리 회원들도 계속 즐겁게 웃으면서 함께한 행복한 기억이 난다.

우리는 가족관계 형태를 아주 중요시 생각한다. 하지만 그것은 그리 중요하지 않다. 이제는 1인 가구 시대, 혼자 살아가는 사람도 늘어나고 있다. 하지만 아직 가족의 형태는 이래야 한다, 이런 가정에서 자라지 않으면 올바르지 않다는 인식을 가지는 편이다. 이제 결혼과 비혼의 의미도 많이 달라지고 있다. 결혼에 대한 틀에 갇혀 다양한 가족 형태를 인정하지 못하고 있는지 의심할 때이다. 단지 아빠, 엄마 완성체만이 중요한 것이 아니라 가족이 서로를 이해하고 사랑하고 안정감 있게 대하는 마음이 중요하다. 가족 형태를 갖추었다고 다 행복하지는 않다는 것을 우리는 주변 경험을 통해 이미 알고 있다.

미혼모 시설에서 꿈 프로젝트를 진행하면서 느낀 점은 가족 형태에 대한 고정관념과 인식의 전환이다. 우리는 지금 사람에 대한 신뢰와 믿음이 아주 중요한 시대에 살고 있다. 가족이라도 약한 관계로 이어져 있다면 아마 남보다 못한 관계로 서로에게 짐이 되어가고 있지 싶다.

부모님이 싸우고 다투는 모습은 자녀들의 마음에 엄청난 큰 상처를 안겨준다. 나도 그리 화목한 가정에서 자라지 않아 늘 불안한 마음을 가진 기억이 난다. 양쪽 부모가 다 계셔도 서로를 존중하는 마음이 없으면 단단한 울타리 역할을 할 수가 없다. 그 기억은 성인이 되어서도 거울처럼 자기 내면에 늘 따라다니고 있다. 아마 이 책을 읽고 있는 독자들도 어릴 때 그런 기억이 떠오를지도 모른다. 가족의 관계 또한 무엇이든 정해놓은 정답은 없다. 꿈도 마찬가지다. 그 답은 오로지 당신이 선택하고 결정할 수 있다. 그래서 마음이 중요하다.

요즘 가족 사랑이 더 중요한 시대에 살고 있다. 한 공간에 있더라도 각자 휴대전화만 들여다본다. 대화는 사라지고 부모는 부모대로 스트레스가 쌓이고 자녀는 자녀대로 스트레스가 쌓인다. 그럴수록 가족의 공통된 관심사를 찾아 함께 공유할 수 있는 이야기 소재를 찾아야 어느 정도 대화가 이어지지 않을까 싶다.

그러므로 가족의 형태에서 중요한 것은 가족 구성원의 자율성을 인정해주고 대화 속에서 상처를 주는 말을 절제하고 최대한 서로의 관심사를 존중해주는 것이다. 나 또한 노력해야 하는 부분이다. 꿈은 가족이다. 왜냐하면 내 목숨과 같고 아주 귀하고 소중하고 특별하고 나의 분신이기 때문이다.

꿈은 가족이다.
왜냐하면 내 목숨과 같고 아주 귀하고 소중하고
특별하고 나의 분신이기 때문이다.

백발 어르신들의 꿈 풍선 날리다

　꿈은 나이와 상관없다. 나의 존재를 아는 순간부터 주어진 선물 같은 것이 바로 '꿈'이다. 그러나 그 꿈을 스스로 알고 실행할 수 있는 사람이 생각보다 소수라는 것이다. 특히 이 시대의 어르신들은 정말 먹고살기도 바쁜 세월을 보내셔서 자기 꿈이 무엇인지 고민할 겨를이 없었다. 누군가 '당신의 꿈이 뭐요!'라고 물어봤다면 '꿈? 도대체 꿈이 뭐요. 돈이요. 명예요. 아니면 직업요.'라고 대답이라도 하셨을 텐데. 결국 사람은 질문에서 그 답을 찾을 수 있기 때문이다. 그래서 나의 꿈 강의는 다양한 연령층에 대한 탐색이 필요했다. 그러던 중 백발 어르신들에게 꿈 강의를 했던 이야기를 하려 한다.

　어느 날 오프라인 모임에서 우연히 노인복지관 관장님을 알게 되었다. 그리고 얼마 후 나의 멘토이신 행복한교육연구소 김지영 소장님이 그 노인복지관에 꿈 강의를 연결해주셨다. 어르신 대상으로 하는 꿈 강의는 처음이었다. 이분들에게 꿈 강의는 어떤 의미일까 곰곰이 생각했다. 그리고 어르신에게 맞게 꿈 프로그램을 기획했다.

어르신들은 우선 꿈이라는 단어를 아마 잠잘 때 꾸는 꿈이라 생각할 것 같았다. 강의실에 들어가니 70대 후반에서 80대 할아버지, 할머니가 15명 앉아 계셨다. PPT를 연결하고 화면에 꿈 강의라 쓰여 있으니 어느 할아버지가,

"꿈 강의라?" 인자하게 웃으시면서 말씀하셨다.
"처음 들어보시죠."라고 대답했다.
"강사 선생님 궁금하니 한번 수업해보세요."

아무래도 그분들에게 낯선 강의일 것 같아 쉬운 단어로 시작했다. 지게, 호미, 장작불, 안경, 손자 단어를 띄웠다. 친근한 단어에서 이분들의 꿈으로 연결하고 싶었다. 다행히 아는 단어들이 나오니 순서대로 지게, 호미, 장작불, 안경, 손자 이렇게 따라 읽으셨다.

"네, 할아버지, 할머님이 잘 아시는 단어들이죠. 이 중에 마음에 드는 단어 하나만 선택해서 써주세요."

참석하신 분들은 복지관에서 문예활동을 하는 분들이었다. 그래서 글은 알고 계셨다. 신중히 생각하고 준비된 종이에 글을 쓰기 시작했다. 먼저 예를 들어 '지게' 하면 떠오르는 생각을 써달라고 했다. 지게

는 무거운 짐을 다른 자리로 옮길 때 도움을 준다. 그래서 또 써보라고 했다. 지게는 옛날에 꼭 필요한 물건이다. 지게에 나무를 많이 실어 팔아서 돈도 벌고 집에 쌓아두어 추운 겨울 따뜻하게 보내는 데 사용했다. 힘들어하시는 분들 옆에 가서 생각이 나도록 도와주고 간결하게 쓰게끔 도와드렸다. 그리고 칠판에 이렇게 써보라고 했다.

"자! 이제 할아버지, 할머니가 생각하시는 꿈에 대해 써보도록 해요. 이렇게 써 주세요."

'꿈은 지게이다. 왜냐하면 꿈은 무거운 짐을 다른 자리로 옮길 때 도움을 주기 때문이다. 그리고 꼭 필요한 물건이다. 꿈이 많으면 돈도 벌 수 있고 집에 쌓아두어 추운 겨울 따뜻하게 보낼 수 있다.'라고 했다. 그리고 쓴 내용을 읽어보라고 했다. 그러자 할아버지가,

"음! 꿈이 많으면 돈도 벌고 따뜻하게 보낼 수 있나!"라고 했다.
"꿈은 내가 원하는 일이나 갖고 싶은 물건 또는 취미입니다. 지금 할아버지, 할머니가 복지관에 나와 문예활동 하는 것도 꿈의 과정입니다. 그래서 작품들이 나오면 전시회도 하고 주변 사람들에게 초대해서 함께 관람을 할 수 있죠. 그럴 때 느끼는 보람들이 모이면 꿈이 됩니다."
"아! 우린 그냥 시간을 보낸다고 생각했는데 이것도 꿈이다, 이거죠?" 하셨다.
누구에게나 짊어지고 가야 하는 지게(각자의 의미)가 있다. 그 지게를

내려놓지 않는 한 삶은 무의미할지도 모른다. 나의 지게, 그 지게가 있기에 행복도 담고 때론 실패도 담고 꿈도 담고 사랑도 담고 기쁨도 담을 수 있지 않을까? 있는 그대로 그냥 그냥 묵묵히 걷다 보면 지게는 더 이상 무거운 짐이 아니다.

마찬가지로 꿈은 거창한 것도 특별한 것도 아니다. 자신이 관심을 두고 원하고 몸으로 실천해서 행동하는 과정이 꿈이다. 꿈이란 나를 이해하고 행동으로 실천하며 스스로 인식하는 것이다.

마지막으로 미리 준비된 색색의 풍선에 매직으로 내 꿈은 지게이다, 내 꿈은 손자이다, 내 꿈은 호미이다, 내 꿈은 장작불이다, 내 꿈은 안경이다, 라고 썼다. 풍선을 꼭 안아주라고 했다. 다음은 그 풍선 끝에 줄이 연결된 부분을 잡고 복지관 앞에 나왔다. 풍선들은 바람이 불어 하늘 위로 올라가고 싶었지만, 다행히 끈을 잡고 있어 단체 사진으로 꿈 강의를 마무리했다.

인사하고 나오는데 한 할머니가 다가와서,

"오늘 강의 즐거웠어요. 난 손자라 썼는데 손자가 최고이듯 내 꿈도 최고라 생각할게요."

하면서 흐뭇하게 웃으셨다.

평생 자식과 손자, 손녀를 위해 살아오셨는데 오늘 자신을 최고라 생각해보겠다는 말씀에 나 또한 뭉클했다. 나도 나 자신을 최고라 생각했다. 꿈은 자신에 대한 신뢰와 믿음이다. 남들이 뭐라고 해도 자신에게는 늘 대화하고 인정해주고 만약 잘못되면 스스로 자책하는 시간도 필요하다. 그것이 자신의 꿈을 이루는 중요한 마음가짐이다.

'꿈은 나이를 먹지 않는다. 단지 꿈이 없으면 젊음도 사라진다.' 우리는 나이에 상관없이 죽기 전까지 자신과 싸움을 한다. 그럴 때 꿈의 카드를 꺼내 보자. 그럼 항상 꿈은 내 편이다. 혼자라 생각하지 않는다. 오히려 자신에게 더 집중하게 되고 더 좋은 에너지가 나온다.

'꿈은 나이를 먹지 않는다.
단지 꿈이 없으면 젊음도 사라진다.'

레인보우 꿈 탐험가 7인

어린 시절 무지개 끝에 금은보화가 있다는 믿음으로 끝을 향해 걸었다는 동화를 읽고 정말인지 한번 무지개를 따라 걸어가 본 기억이 있을 것이다. 나 또한 어린 시절 무지개 끝을 찾아보기 위해 무작정 걸었던 기억이 있다. 그만큼 어릴 때는 순수하고 무조건 받아들이는 마음이 있었다. 꿈은 나에게 순수하고 조건 없는 사랑이다. 그래서 어릴 때 아이들의 순수한 마음에 꿈을 알게 되면 자신에게 평생 좋은 기억으로 남게 될 것이다. 이번 꿈 강의는 둘째 딸을 위한 꿈 프로그램에 관한 이야기이다.

작은딸이 초등학교 입학할 때쯤 되니 신경이 쓰였다. 입학을 시켜본 엄마는 무슨 마음인지 안다. 등교, 하교할 때마다 껌딱지처럼 내 옆에 붙어 1학기 내내 학교 정문까지 함께했다. 그러던 어느 날 작은딸이 나에게 와서 이런 말을 했다.

"엄마, 우리 반에 여자애가 있는데, 다른 친구랑 놀려고 하면 그 친구가 와서 못 놀게 해."

하면서 슬퍼했다.

학교생활이 처음인 아이들에게 이런 경우는 흔하게 일어난다. 하지만 작은딸은 시간이 지나도 힘들어해서 뭐 좋은 방법이 없을까 생각했다. 둘째 딸을 힘들게 한 그 친구랑 함께 놀게 해주면 어떨까 생각이 들었다. 그래서 참관 수업 때 몇 명 엄마들에게 내가 하는 꿈 프로그램을 설명해주고 2주마다 평일 하루를 정해서 하자고 했다. 엄마들은 대환영이었다. 솔직히 엄마들은 자기 시간이 생겨 좋아했다. 그래서 둘째 딸까지 포함해서 7명이 모였다. 둘째 딸은 완전히 신났다. 자기 반 친구들이랑 2주마다 집에서 만나 함께 논다니 당연히 좋아했다. 무지개처럼 다양한 색의 친구들 7명이 모여서 꿈 프로그램명을 '레인보우 꿈 탐험가 7인'이라고 지었다. 장소는 집 또는 놀이터, 작은 카페 등 바꿔가면서 아이들에게 재미있는 꿈 프로그램을 진행했다.

처음에는 색 도화지에 7가지 항목에 꿈의 과정을 간단히 써보는 작업으로 시작했다. 그림도 그리고 이쁘게 색칠도 하며 아이들은 아주 재미있어했다. 좋아하는 도화지와 크레파스만 있으면 그리는 것을 좋아해서 아이들이 사용하는 데 참 좋은 도구이다. 매번 진행하기 전 필요한 재료가 있으면 미리 얘기해준다. 이번에 돌이다. 발 위에 올려놓기 적당한 크기와 평평한 모양의 돌을 하나 찾아서 가져오라고 했다. 아이들은 궁금했다. 그리고 오자마자 '선생님, 돌은 왜 가져 오라고 했어요?' 묻기 시작했다.

"레인보우 친구들과 비석 놀이를 할 거야. 선생님이 어렸을 때 많이 하던 놀이인데 아주 재미있단다." 그리고 비석 깨기를 하는 방법을 가르쳐줬다. 아이들은 벌써 작은 발 위에 자기가 가져온 돌을 올려놓고 움직여 본다. 여기저기 깔깔대며 재미있다고 웃기 시작했다.

"자! 레인보우 친구들, 놀이 시작하기 전에 돌을 이쁘게 꾸며보자. 첫 번째 시간에 7가지 꿈의 과정을 썼지요. 그 꿈을 돌에다 이쁘게 적어보자."

둘째 딸의 꿈은 패션디자이너, 그리고 다른 아이들은 간호사, 제빵사, 소방관, 다양한 꿈을 돌에다 글씨를 새겼다. 그리고 뒷면에는 자기가 좋아하는 색을 칠했다. 아이들은 돌에다 글을 쓰고 색칠하는 것을 무척 좋아했다.

"이제 비석 놀이를 할 거예요. 한 사람씩 나와 저기에 있는 꿈 통에다 담으면 되는 거야."

먼저 할 사람 하나 남자아이가 나왔다. 자신의 꿈은 경찰관이라고 소개하고 발 위에 살포시 얹었다. 친구들은 그 모습을 지켜보았다. 그 남자아이는 움직일 때마다 발 위의 돌이 떨어질까 무척 집중했다. 그리고 어느새 꿈 통 안에까지 다다랐다. 그리고 도착했다는 마음에 활짝 웃으며 꿈 통 안에 발을 살짝 들어 돌을 넣었다. 그리고 기뻐서 펄쩍펄 쩍 뛰면서 좋아했다. 그 뒤로 친구들은 서로 먼저 하고 싶다고 했다. 그래서 먼저 아이들에게 비석 놀이에 대한 의미를 먼저 설명해줬다.

"꿈을 이루기 위해 때론 나를 힘들고 귀찮게 할 때도 있고 어려울 때 도 있지만, 천천히 조심스럽게 그리고 그 꿈을 위해 집중한다면 분명 우리 친구들 꿈 통에 돌을 넣듯이 꿈을 이룰 수 있을 거야! 지금 선생 님이 이야기한 내용을 다 이해하기 어렵겠지만 나중에 커서 어른이 되 면 어릴 때 한 비석 놀이가 생각날 거야."

천진난만하게 '네' 하고 웃은 아이들은 7명 모두 꿈 통에 돌을 넣는 꿈 놀이를 했다. 그리고 진짜 비석 놀이를 함께 해보기도 했다. 아이들 은 아마 이 기억을 잊지 않을 것 같다. 난 아이들과 꿈 프로젝트를 할 때마다 사진을 많이 찍었다.

또 다른 꿈 프로젝트에는 자기가 좋아하는 동화책을 가져오라고 했 다. 동화책 속 장면에서 마음에 드는 장면 한 페이지를 선택하라고 했 다. 그리고 그대로 따라 그려보라고 했다. 글도 써보라고 했다. 빵 장면 이 있으면 빵을 그려보라 하고 그 빵을 보면 무슨 맛일까? 어떤 향이 날까? 빵을 먹으면 어떤 생각이 드나? 아이마다 질문을 다르게 물어보 고 색 도화지에 색연필로 적어보는 시간을 가졌다. 이 작업을 하는 이 유는 아이들의 상상력을 키우기 위해서이다. 책에 있는 글자만 인식하는 것이 아니라 직접 자신이 상상으로 맛과 향 그리고 느낌을 글로 표현하고 발표하는 시간을 가진다면 아마 그 책은 평생 기억 속에 저장된다. 아이들은 생각보다 잘 따라오고 오히려 더 상상력을 발휘해서 더 많은 것을 찾아냈다. 그럴 때마다 보람을 느꼈다. 그리고 엄마들에게 꿈 프로젝트를 하고 난 뒤 후기를 얘기해준다. 어떻게 이런 생각으로 아이들에게 접근하는지 어디에서 배우느냐고 물어본다. 그럴 때마다,

"아뇨, 배운 건 아니고 그냥 재미있을 것 같다고 생각해서 해본 거예요."

그러자 엄마들이 참 대단하다고 말했다.

그동안 둘째 딸은 반 친구들과 사이좋게 지내기 시작했고, 다른 아이와 못 놀게 방해했던 친구는 어느새 둘째 딸과 서슴없이 편한 친구 사이가 되었다. 현재 둘째 딸은 중학교 3학년이 되었다.

우리는 성장하면서 제일 중요한 시기로 초등학교 시절을 꼽는다. 이때 학습지능의 기초를 배우고 대인관계의 기술을 배운다. 그리고 부모 관심으로 아이들은 더 많은 능력을 발휘해준다. 그래서 부모님이 아무리 바쁘더라도 특히 초등 저학년 때는 아이들과 대화하고 소통하는 시간을 가진다면 성장하면서 어려움이 있더라도 잘 극복하고 대처하는 능력이 생긴다. 그것이 자아 회복성이다.

자아 회복성이란 스스로 회복할 수 있는 자신만의 독특한 방법을 터득하는 기술이다. 자신의 어릴 때 추억 속 분명히 좋았던 경험 하나만 찾아보자. 그 과정은 자신의 유년 시절과의 만남이고 이해하는 시간이며 현재 자신을 인정하는 시간을 갖게 한다. 그리고 그 경험이 자신이 힘들 때 언제든지 스스로 꺼낼 수 있는 마중물 같은 힘이 된다.

자아 회복성이란

스스로 회복할 수 있는 자신만의 독특한 방법을

스스로 터득하는 기술이다.

누군가의 작은 힘이 꿈을 키운다

인간의 삶은 늘 평탄하지 않다. 그것은 당연하다. 어찌 살아가는데 늘 행복하고 좋은 일만 있겠는가! 어떠한 상황에도 그대로 받아들이는 마음과 최대한 좋은 것을 찾아내는 마음이 서로 통할 때 자기 삶을 스스로 인정하는 마음이 생긴다. 어려운 상황에서도 자신만의 방식으로 행복을 찾아내는 꿈에 관한 이야기다.

큰딸아이가 장애등급을 받고 난 후 다녔던 감각통합 치료실이 있다. 현재까지 15년째이다. 그 센터의 원장 선생님은 양산 춘해보건대학 작업치료과 박윤희 교수이다. 박 교수님과의 인연은 동구보건소 물리치료실 계약직 선생님으로 계실 때부터다. 지금도 어김없이 연락하고 지낸다. 처음부터 그분과 대화는 너무 잘 통했다. 그리고 항상 혜진 엄마는 참 대단하다며 용기를 준 분이다. 격 없이 지내다 보니 가끔 술 한잔도 마시고 이런저런 얘기를 많이 나누었다.

어느 날 박 교수님이,

"혜진 엄마, 우리 센터에서도 부모님 대상으로 꿈 강의 해주셔야죠."

하시길래,

"저야 좋죠. 원장 선생님 부탁인데 재능기부로 해드릴게요."

"아뇨. 강사님이신데 강의료 드려야죠." 서로 웃으면서 강의 일정을 잡았다.

그때 박 교수님의 환한 웃음이 아직도 내 눈에 선하다. 내 주변 사람들이 나를 어떻게 대하느냐에 따라 자신의 자존감은 높아진다. 그래서 난 더 열심히 준비해서 정해진 날 장애아 부모들과 치료실 선생님들 대상으로 1시간 강의를 열정 있게 펼쳤다. 강의 중 한 엄마가 질문했다.

"애들 치료실 다니고 바쁜데 언제 제 생각을 해요?"

"어머님, 5초, 5분이라도 나에 대한 좋은 생각에 집중하는 연습만 꾸준히 해보세요. 예를 들어 내가 좋아하는 글귀를 늘 생각한다든가 아니면 라디오 듣는 것을 좋아하면 사연을 신청해본다든가 아니면 주변생각나는 사람들이 있으면 가끔 통화해서 안부를 묻는다든가, 5분이면 충분히 가능한 일들을 찾아보세요. 꿈은 거창한 것이 아닙니다. 자신의 부정적인 감정이 들 때 잠시 눈을 감고 나만 생각해보세요. 화가 났는지 슬픈지 기쁜지 그런 감정을 체크해 보면 어느새 감정에 스위치가 생깁니다. 아! 내가 화가 났네! 그럼 음악을 들어볼까. 아! 내가 슬프다. 그럼 창문 밖 풍경을 볼까! 그런 평범한 행동 패턴을 말하는 겁니다."

강의 내내 난 액션을 강하게 하면서 엄마들에게 열정을 다했다. 강의 마치고 난 뒤 엄마들에게 받은 박수에서 오히려 더 많은 에너지를 얻었다. 비록 우리는 장애아이를 키우지만, 그것은 누구에게나 일어날 수 있는 일이고 당연한 일이다. 엄마의 마음은 곧 아이의 마음이다. 엄마가 즐거워야 아이도 즐겁다. 그래서 장애가 있는 아이를 둔 엄마들은 오히려 자신만의 꿈을 가져야 한다. 아이를 돌보면서 몸과 마음은 지칠 수 있지만, 그 또한 나만 짊어지는 것이 아니다. 오히려 장애아 엄마는 더 당당하게 자기 삶에 적극적인 자세가 필요하다. 힘들면 힘든 대로 신나면 신나는 대로 감정표현에 스스로 야박하지 말자. 있는 그대로 인정하자. 그런 내용이었다.

당연히 시크릿, 믿는 대로 이루어지고 생각한 대로 이루어진다. 그 멘트는 꼭 얘기했다. 핵심은 나의 감정을 잘 알자, 그리고 평상시 내가 하고 싶은 일, 가고 싶은 곳이 있다면 즉흥적일지라도 해보자는 것이다. 사실 나는 잘 안다. 솔직히 장애아이를 둔 부모로 살기에 힘들고 어렵고 불편하다. 시선과 편견에서 나의 감정은 자유롭지 못하다. 그리고 특히 가족들이 더 힘들게 하는 경우가 많다. 가족이라 쉽게 얘기하는 말들이 오히려 마음에 비수가 된다.

그런데도 장애아이를 둔 부모는 스스로 힘과 에너지를 줘야 한다. 우리의 인생은 생각보다 길다. 그리고 그 인생 속에서 늘 희로애락은 있다. 단지 내 아이가 장애를 가지고 있지만, 그것이 자신의 인생까지 포기하라는 의미는 아니다.

그 이후 어린이집 학부모들에게도 꿈 강의를 했다. 누구라도 불러주면 재능기부, 유료 강의를 했다. 꿈 강의를 할 수 있다는 자체가 나에게 꿈이다. 이 책을 쓰면서 박윤희 교수님이 생각나서 즉흥적으로 통화를 했다. 무척 반가워했다. 드디어 책이 나오겠다며 내 일처럼 기뻐했다. 생각난 김에 일정을 잡아 그 센터에서 꿈 강의를 해드려야겠다.

사람은 이기적인 동물이다. 그것이 꼭 나쁜 것은 아니다. 내가 있기에 남도 있고 내가 있다. 그래야 더 힘든 상황을 버틸 용기와 자신감이 생긴다. 그때 그 강의가 오히려 나에게 마중물이 되어 자신감 있는 꿈 강의를 하게 되었다. 자신 스스로가 무한한 가능성을 얘기해준다는 사실을 잊지 말아야 한다.

스스로
인정하는
마음

어떠한 상황에도 그대로 받아들이는 마음과

최대한 좋은 것을 찾아내는 마음이 서로 통할 때

자기 삶에 스스로 인정하는 마음이 생긴다.

아주 특별한 30분

요즘 코로나로 인해 직장인들의 스트레스는 최고조일 것이다. 특히 사람들을 대면하는 직종은 어려운 환경에 노출되어 일을 제대로 하기가 어려운 시기이다. 이럴수록 자신의 감정을 더 혹독하게 대할 수 있다. 꿈은 감정이다. 자신의 감정을 어떻게 관리하고 진행하느냐에 따라 자신을 바라보는 삶의 태도까지 달라진다. 벌써 8년이 지난, 직장인을 위해 점심시간을 활용한 '30분 Power of Think' 특강에 관한 이야기이다.

2015년 1월 추운 겨울날 쿰 카페에서 친구의 도움으로 꿈 강의를 하게 되었다. 카페 사장님은 나의 강의를 듣고 난 뒤 얼마든지 강의를 할 수 있게 장소를 제공하겠다고 약속했다. 그리고 커피 가격도 특별히 저렴한 금액으로 제시해주셨다. 몇 년 전부터 생각만 했던 점심시간 30분을 활용한 꿈 강의를 할 수 있게 된 것이다. 사실 이 꿈을 이루기 위해 관심 있는 카페나 주변 지인분들에게 내가 원하는 강의 장소와 시간을 얘기한 결과이다. 결국 가까운 친구의 도움으로 쿰 카페에서의 꿈 강의를 시작으로 그곳에서 30분 꿈 강의 기획도 할 수 있었다.

꿈 강사가 꿈 강의를 하면서 꿈 장면이 현실로 이루어지는 것을 보면 너무나 행복했다. 그것이 나의 꿈 강의내용이기도 하다. 누구나 상상만 하면 현실을 보게 된다는 것이다. 그러기 위해서 자신이 원하는 것에 몸소 반응하고 행동하고 움직인다면 그 결과는 당연하다.

그렇다고 이런 상황만으로 물질적인 풍요를 주지 않는다. 사람들은 꿈을 꾸면 돈도 당연히 많이 버는 거 아니냐고 한다. 당연히 돈을 원하면 벌 수 있겠지만 중요한 것은 자신의 기질과 돈이 들어는 시기가 맞아야 가능하다. 사실 난 40대 중반부터 50대 이후까지 내 꿈 목록 중 돈도 자연스럽게 들어올 수 있도록 생각했다. 이 시기면 나의 꿈들과 적절하지 않을까 생각했다. 내 꿈의 과정이 형성될 때쯤 당연히 돈도 연관 지어 생각했기 때문이다. 그렇다면 그때는 당연히 원하는 돈이 들어오게 된다.

점심시간을 활용한 '30분 Power of Think'는 짧은 시간 동안 오로지 자신에게 집중하는 시간이다. 그 시간에는 뇌에 좋은 영상과 감각을 키우기 위한 작업 그리고 자신의 감정을 표현하는 시간을 가져봤다. 처음에는 그 시간을 맞추기가 부담스러워했지만, 어느 순간 집중하는 그들을 볼 때 '난 됐어! 이거야!'라고 마음먹었다. 자신에 대한 놀라운 반응을 스스로 보게 되고 만지게 되고 표현하는 자신에게 평상시 사용하지 않은 단어를 사용하는 모습에 서로가 감탄하게 되었다.

그들 중 한 사람은 전문직 기술을 가진 사람이다. 울산 전역에서 그 기술을 다루는 사람은 그 사람뿐이라 하루 24시간이 모자랄 정도로 바쁜 직장생활을 하고 있었다. 그러나 그 사람은 '30분 Power of Think'를 통해 자신의 목표가 생겼고 현재 그 일을 전문으로 맡는 사장이 되었다. 그리고 그 시간이 있었기에 자신이 원하는 업체를 완성할 수 있었다고 후에 이야기를 들었을 때 꿈 강사로서 너무 뿌듯하고 그 사람이 더 자랑스러웠다.

꿈은 자신의 길을 안내해주고 더 나은 길을 갈 수 있도록 또 다른 방향도 제시해준다. 단 자신과의 대화 속에서 그 길을 스스로 찾아갈 수 있다는 게 중요하다. 나의 꿈 강의는 모두 경험을 토대로 기획하고 알려주는 것이다. 만약 사람을 통해 직접 경험하지 않았다면 아마 자신 있게 글을 쓰기도 어려울 것이다. 모든 것은 내 경험을 통해 형성되고 이루어졌다.

철학자 로크는 "사람의 경험과 학습에 의해 얼마든지 배울 수 있다." 라고 말한다.

경험과 학습을 통해 우리는 자신의 기질에 맞는 꿈을 찾게 된다. 바로 그 꿈은 자신을 알아가는 행위이다. 꿈을 이룰 때 성공과 실패가 있다. 당연히 바늘과 실처럼 성공 또는 실패를 할 수 있다. 단 자신에게 집중했을 때 더 성공할 확률이 높다. 성공은 부를 말하는 것이 아니다. 성공은 자신의 원하는 상을 이루는 것이다. 그것들이 모이다 보면 결국 원하는 인생과 삶을 스스로 개척할 수 있는 능력을 발견하게 된다.

꿈은 자신의 길도 안내해주고 더 나은 길을 갈 수 있도록
또 다른 방향도 제시해준다.

자석 같은 줌마렐라

삶은 무엇인가? 어떻게 살아가야 하나? 질문이 꽤 거창해 보인다. 평범한 우리네 일상에 과연 이 질문이 필요한가 싶겠지만, 평상시 이런 질문을 자신에게 던질 필요가 있다. 난 어려운 문장을 잘 쓰지 못한다. 내가 아는 지식에서 아주 쉽게 사람들에게 전달하는 정도의 능력을 사용하고 있다. 그렇다고 아무 지식도 없는 상태에서 전달하기는 어려우니 난 내가 꼭 원하는 글이나 내용, 이미지가 있으면 여과 없이 내식으로 이해하고 내용을 구성하고 편집한다.

강의는 대상에 따라 내용도 다르게 한다. 꿈은 남녀노소 누구나 필요한 강의이다. 특히 아줌마라고 불리는 부류는 더 그러하다. 아줌마 중에서도 장애인 자녀를 둔 엄마들에게 꼭 강의해보고 싶어 '줌마렐라 드림 프로젝트' 10회기를 기획했다. 그러던 중 내가 몸담은 울산장애인부모회 부설 울산장애인가족지원센터에서 장애인 부모 동아리 회원 대상으로 꿈 강의를 기획한 이야기이다.

10회기 프로그램은 내가 꿈을 이루기 위해 경험한 것을 바탕으로 구성했다. 특히 나의 꿈 기획의 강점은 직접 체험하고 꿈 작업 활동을 하는 행위다.

요한 볼프강 폰 괴테는 이런 말을 했다.
"체험하지 않은 것은 한 줄도 쓰지 않는다. 그러나 단 한 줄도 체험 그대로 쓰지 않았다."

나도 마찬가지다. 내가 체험한 내용을 토대로 그들에게 자신만의 방식으로 체험하게 했다.

그러므로 꿈은 생동감이다. 장애인 부모 엄마들은 한 달 동안 내가 원하는 방향으로 잘 따라주었다. 그분들도 처음에 생소한 단어로 자신을 표현하는 활동이 어색했지만, 마지막 수료식 날 이런 프로그램을 하게 해주셔서 감사하다는 말을 전해 같은 장애인 부모로서 나 또한 감동했던 날로 기억하고 있다.

장애 자녀를 키우지만, 그 누구보다 자녀 사랑과 가족 사랑도 남달랐다. 세상을 바라보는 눈을 가진 엄마들이다. 그런 분들과 꿈 강의를 할 수 있어 내가 더 행복했다.

벌써 12년 전 이야기이다. 가끔 부모회에서 만나면 지금도 친절히 인사를 나누고 그분들도 지금까지 동아리 활동을 유지하면서 그 누구보다도 더 소소한 일상을 잘 즐기며 살아가고 있다. 가끔 이런 생각이 들 때가 있다. 자신의 환경으로 인해 내가 선택할 수 있는 것은 생각보다 많다는 사실이다.

그래서 지금 당장 할 수 있는 것을 제시하겠다.
음… 꿈은 실행력이다.
자! 따라 해보세요.
"나는 지금 기분이 좋다. 그리고 지금 내 앞에 ○○○이 있어 행복하다."
아주 간단한 문장이지만 내가 생각하고 입으로 내뱉고 다시 나의 마음을 읽어준다면 지금 어떠한 상황이라도 당신은 곧 잠시 멈추게 된다.
(단, 자신을 믿어보세요.)

당신 마음의 주인공은 당신입니다. 의심하지 말고 있는 그대로 믿고 사랑하세요. 그럼 곧 주변에 좋은 사람이 나타납니다. 그리고 당신을 도와줄 것입니다. 마치 내 몸의 자석처럼 당신이 원하는 대로 끌어당겨 줄 것입니다.

당신 마음의 주인공은 당신입니다.
의심하지 말고 있는 그대로 믿고 사랑하세요.

제3장

공간이 삶에 스며들다

Renize

나는 인식 전환 강사다

장애(handicap)란 어떤 일의 성립, 진행에 거치적거려 방해하거나 충분히 기능하지 못하거나 신체 기관이 본래의 기능을 제대로 발휘하지 못하거나, 정신 능력에 결함이 있는 상태 또는 시스템 장애를 말한다.

장애는 사람에게만 있는 것이 아니라 모든 자연현상에서 충분히 일어날 수 있는 상태이다. 그러나 대부분 사람은 장애 하면 바로 장애인을 떠올린다. 그래서 자신과는 상관없는 일이라 생각한다. 하지만 전체 장애인 중 90% 이상이 후천적으로 장애를 얻었다. 누구나 장애를 가질 가능성이 있는 것이다.

나 또한 예전에는 장애인을 주변에 많이 보지 못했기에 나랑 상관없는 일이라 생각했다. 하지만 내 인생에서 장애는 나랑 떼려고 해도 뗄 수 없는 관계가 되었다. 나의 첫째 딸이 선천적인 희귀 질환인 레트증후군을 가지고 태어났기 때문이다. 나에게는 상상할 수도 없는 일이었지만 현재 나의 직업을 가지는 데에 지대한 영향을 준 계기가 되었다.

처음 장애인식개선 강사로 시작해서 장애인인권 강사 그리고 현재는 직장 내 장애인인식개선교육 강사로 활동하고 있다.

잠깐 장애인에 대한 법률의 역사에 관한 이야기할까 한다. 1988년 서울올림픽 이후 88년 11월 장애인등록제가 시행되었고, 1989년 장애인복지법이 생겼다. 2007년 장애인차별금지 및 권리구제 등에 관한 법률이 제정되었고 2018년 5월 29일부터 장애인고용촉진 및 직업 재활법 시행으로 직장 내 장애인인식개선 교육이 법정 의무교육이 되었다. 한국 사회에서 장애인의 권리를 주장할 수 있게 된 시기는 불과 10여 년밖에 되지 않는다. 그동안 많은 장애인 당사자와 가족의 희생과 투쟁이 있었기에 현재 복지서비스의 큰 틀을 마련할 수 있었다.

10년 동안 장애인식 강사, 장애인 인권 강사로 학생, 교사, 학부모 대상으로 장애 교육을 했으나 3년 전부터 직장 및 성인, 장애인 대상으로 노동 인권교육을 하게 되었다. 특히 강의하면서 놀라운 점은 성인이 될 때까지 장애인식, 장애인인권 교육을 한 번이라도 받아본 사람이 한두 명에 불과했다는 사실이다. 사람은 교육을 통해 알고 이해할 수 있다. 사회구성원으로 살아가면서 교육은 상당히 중요한 부분이다. 그렇기에 직장 내 장애인인식개선교육이 법으로 제정되어 다행이라 생각했다. 이런 활동을 하면서 많은 보람을 느꼈다.

어떤 교육생은 '잘 몰랐던 부분을 알게 되었다면서 장애는 생소하지만, 우리 삶에 밀접한 관계가 있다는 것을 알았고 다시 생각해보게 되었다.'는 후기를 남기기도 했다. 그럴 때마다 난 장애인권강사로서 보람되고 사회 인식을 전환해주는 사람으로서의 책임감을 더 크게 느꼈다.

모 공공기관 직원교육대상으로 갔을 때 강의가 끝난 후 한 중년 남자분이 따라 나와 "우리 막내 아이가 지적장애를 가지고 있어요. 아직 학생인데 참 걱정입니다. 강사님 강의를 듣고 나니 우리 아이도 직장을 가질 수 있겠구나 하는 생각이 들었어요. 제가 우물 안 개구리였네요." 라고 말씀하셨다. 아직도 장애인은 뭔가 아무것도 할 수 없는 사람, 사회구성원으로서 함께할 수 없는 사람으로 생각하고 단념하는 사람이 많다.

하지만 요즘은 장애인복지서비스가 공교육, 평생교육, 문화예술, 일자리 등 다양하고 폭넓게 인적, 사회적 네트워크로 연결되고 있다. 또한, 그 망을 좀 더 촘촘하기 위해서 법 제정과 지방자치단체 조례를 만들기 위해 장애인 단체에서 노력하고 있다. 이 모든 것이 그냥 만들어지는 것이 아니라 끊임없는 투쟁과 연대의 힘이 있었기에 가능한 일이다.

장애는 우리 삶에 아주 큰 부분이라 생각한다. 장애는 자신의 결핍과 부족함 그리고 상처다. 그러기에 누구에게나 다 해당이 된다. 사람들은 복잡한 현대사회 속에서 평등하고 공정한 삶을 살기를 원한다. 또한 국가는 시민의 권리를 보장하고 책임져야 할 의무가 있다.

장애 인권 강사로 활동하기 전에는 솔직히 인권, 권리에 관해 관심도 없었고 잘 몰랐다. 그러나 사람은 경험을 통해 직접적으로 알게 된다. 나 또한 내 아이를 통해 인생 공부를 하는 중이다. 특히 코로나로 인해 일상 속 불편함을 새삼스럽게 인식하게 되었고 사회적 장애에 더 공감하는 사회로 가는 과정이라 생각한다. 누구나 안전하고 인간답게 살아가기 위해 장애 인권교육은 우리에게 필수적이면서 더욱더 치밀하고 밀접한 관계가 되고 있다.

> "재난 구조 로봇을 개발하려면 재난 현장에 직접 가봐야 하고 시각장애인을 위한 기술을 만들려면 시각장애인들과 함께 생활해봐야 합니다. 효과적인 기술을 개발하기 위해서는 그저 연구소에 처박혀서, 책상 앞에 앉아서만은 절대로 가능하지 않습니다. 그 기술을 사용할 사람들을 이해해야 하고, 그 기술이 사용될 환경을 직접 체험해 봐야만 합니다."
>
> ─로봇 공학자 데니스 홍 박사

데니스 홍 박사님 말씀처럼 장애 또한 마찬가지이다. 탁상만으로 장애를 바라본다면 장애를 제대로 이해하기 어렵다. 장애인이라 차별받는 것이 아니라 차별받기에 때문에 장애인이 되는 것이다. 장애에 대한 관점과 인식 전환이 필요할 때이다.

당신의 삶에 장애는 무엇인가? 누구에게나 눈에 보이는 장애, 눈에 보이지 않는 장애가 있다. 그렇다면 장애는 곧 자신의 결핍과 상처 그리고 불편함이다. 타인을 바라보는 눈을 이제 확대경으로 바라보자.

그리고 상대의 마음을 헤아리자. 그렇기에 장애인권교육은 모두에게 필요한 인생 처방제이다.

당신의 삶에 장애는 무엇인가?

장애는 곧 자신의 결핍과 상처 그리고 불편함이다.

타인을 바라보는 눈을 이제 확대경으로 바라보자.

그리고 상대의 마음을 헤아리자.

결핍은 삶의 친구이다

우리가 태어나면서 아프지 않고 다치지 않고 사고 없이 살아갈 수 있다면 걱정이 없겠다. 그만큼 온전하게 산다는 것은 어려운 일이다. 요즘 시대는 건강에 관심이 높다. 아니 집착할 정도로 민감하다. 건강을 잃으면 모든 것을 잃는다. 그래서 열심히 운동도 하고 영양제도 골고루 먹는다. 신체적 건강은 그나마 관리하면 된다. 하지만 정신적 건강은 관리만 해서 될 문제는 아닌 것 같다. 특히 대인관계에 대한 정신적 문제는 바쁜 현대사회 적과도 같다. 소리소문없이 어느새 내 옆에 다가와 내 마음을 붙잡고 있는 경우가 많다.

특히 가족관계에서는 걷잡을 수 없을 만큼 속과 겉이 달라 소통 불능에 빠지기도 한다. 오히려 남이 더 나를 인정해주는 시대로 바뀌어가는 것 같다. 왜 그리됐을까 생각해보니 자신의 정체성에 대한 가치혼란이 그 원인이 아닌가 싶다. 자식은 부모를 위해 부모는 자식을 위해 살았던 인생에서 자기 자신을 돌보는 삶을 더 중요시하는 시대로 바뀌었기 때문이다.

나 또한 마찬가지이다. 나의 삶에 대한 중요도가 높아졌다. 그러나 난 장애아 부모이다. 답답한 현실에 부정적인 생각이 드는 것은 당연하다. 장애가 있는 자녀를 둔 엄마이기에 직장, 취미, 대인관계, 교육 등 뭔가 새로 시작하는 것 자체가 어렵다고 생각할 수도 있다. 하지만 의외로 장애인 부모는 더 활동적이다. 왜냐하면 장애가 있는 자녀를 위해 법과 제도를 바꾸지 않는 한 부모가 먼저 세상을 떠난다면 장애인 자녀가 자립할 수 있는 구조가 아직 마련되지 않았기 때문이다. 자식보다 하루 더 살지 않는 한 자유롭고 안전하게 장애인 자녀를 책임질 곳이 없기 때문이다.

전국장애인부모연대가 있다. 벌써 20여 년의 역사를 가진 단체이다. 난 그 단체의 울산지부 동구지회장을 4년 역임했다. 많은 장애인 부모는 어려운 환경에서도 자신이 아닌 자녀를 위해 투쟁하고 헌신한다. 그분들이 있기에 장애인 부모와 장애가 있는 자녀는 장애에 관련된 복지제도 속에서 살고 있다.

어느새 장애는 나에게 친근한 단어가 되었다. 만약 큰딸에게 장애가 없었더라면 아마 장애인의 삶을 모르고 살았을 것이다. 장애는 불편하다는 의미이다. 누구나 태어나면서부터 장애란 부분에 자유로울 수 없다. 난 그것을 다른 말로 하면 결핍이라 본다. 그래서 난 장애는 삶의 친구라 생각한다. 신체적 장애가 올 수도 있고 정신적 장애가 올 수 있다. 꿈을 가진 사람이라고 장애가 오지 않는 것은 아니다. 그러나 여기서 전하고 싶은 말은 설령 장애가 왔다고 해서 포기하지 않았으면 한다는 것이다. 그렇다. 당사자는 상상 못 할 정도로 힘들다.

주변에 후천적 사고로 장애인이 되신 분이 많다. 오히려 선천적 장애보다 후천적 장애를 받아들이기가 힘들고 더 어렵다. 장애로 인해 기존에 능숙하게 했던 것을 못 한다면 비극일 것이다. 사람이 가진 감각과 균형은 당연히 있으리라 생각하지만, 만약 지금 당장 보고 듣고 말하는 것이 안 된다면 숨이 막힐 것이다.

큰딸은 자신의 장애 때문에 얼마나 속으로 답답하겠는가? 내가 엄마라도 그 답답함을 알 길이 없다. 단지 표현하지 못하는 마음을 읽을 정도이다. 그러니 나 또한 답답하다. 하지만 그런 삶도 그대로 받아들인다. 내가 해결해 줄 수 있는 문제가 아니다. 나도 사람이다. 엄마라도 부족하고 한없이 약한 존재이다. 그러나 엄마이기에 무거운 마음과 어깨에 짓눌린 힘을 이겨내려는 마음뿐이다. 그 마음은 나를 더 힘들게 하지만 난 꿈으로 그 어려운 상황을 이겨내고 있다. 아니 믿고 있다. 마음으로 믿는 것은 딸을 위함이기도 하지만 나를 위하는 게 더 크다

그래서 장애를 내 삶의 친구라 생각한다. 나 스스로 의지하고 믿는 힘이 곧 나약한 나의 신체를 건재하게 해주고 긍정적 행동으로 이끌어 주기 때문이다. 만약 꿈이 나에게 없었다면 누구를 만나고 일을 만들

고 뭔가 변화를 주고 싶은 마음이 생기지 않았을 것이다. 다행히 그런 꿈이 있었기에 현재의 내가 있는 것이다. 꿈은 어설픈 것을 모른다. 그러니 누구나 맘만 먹으면 가능하다.

미국 사회심리학자인 대니얼 길버트는 우리가 미래에 어떤 일을 당했을 때 어떤 기분이 들지 미리 짐작하고 겁먹는 성향이 있는데, 그 짐작이 일치하지 않는다는 연구 결과를 내놓았다.

> '인간을 행복하게 만드는 것이 무엇인지에 대한 인식은 살면서 여러 차례 변한다.'
> *The perception of what makes humans happy changes many times in life.*
>
> '우리의 기분을 만드는 것은 현실의 사건이 아니라 우리의 생각이다.'
> *What makes our feeling is not a actual event, but how we thinks.*
> —타인의 속마음, 심리학자들의 명언 700 중

장애와 결핍은 별개의 문제가 아니다. 곧 결핍은 자신 생각에서 출발한다. 그러기에 눈에 보이는 장애, 눈에 보이지 않는 장애까지 우리 마음의 인식에 따라 달라 보일 수 있다.

우리는 혼자서는 살 수 없다. 주변 사람들과 마음을 잇는 연대만이 살 수 있다. 장애인을 무시하는 사람은 본성이 약한 사람이다. 장애인을 함부로 대할 수 있다는 마음 자체가 제일 큰 장애이기 때문이다. 누구나 어리석은 마음은 있을 수 있다. 단지 장애인을 자기 친구라 여길 수 있다면 남을 함부로 대하는 행동은 있을 수 없다. 또한, 장애인을 가까이하면 자기 삶 또한 풍부해지고 행복한 삶을 영위하는 지혜로움을 얻을 수 있다. 왜냐하면 사람은 다름에서 새로움과 진정성을 알게 되기 때문이다. 달리 행복한 것이 아니라 사람은 사람을 통해 평범한 일상을 알아차릴 때 비로소 서로를 이해하고 인정하게 된다. 그것이 우리가 행복해지는 방법이다.

꿈은 어설픈 것을 모른다.
그러니 누구나 맘만 먹으면 가능하다.

대학교수의 지적장애 아들

우리는 겉모습으로 그 사람을 인식하고 파악한다. 또한 상대의 직업에 따라 사람을 대하는 경우가 많다. 그리고 돈과 명예가 있는 사람은 걱정이 없고 편안하지 않을까 생각한다. 그리 보이는 것은 당연하다. 그들은 하고 싶은 일을 마음대로 할 수 있을 것으로 짐작하는 경우가 많다. 그렇지만 그 사람의 상황과 속은 아무도 알 수 없다. 사람의 마음은 눈에 보이지 않기 때문에 각자 착각 속에서 남들과 어울린다. 그러다 실수하는 때도 생긴다. 그래서 사람을 대할 때는 말과 행동이 중요하다. 특히 여러 명이 함께하는 자리는 더 그렇다.

모 대학에서 직원과 교수 대상으로 직장 내 장애인식개선교육 의뢰가 들어왔다. 대학 강의는 처음이라 어떤 분위기일까 궁금했다. 시간에 맞춰 한 분 한 분 들어오는데, 어느 정도 자리가 찼을 때 분위기는 무겁고 딱딱해 보였다. 아무래도 법정 의무교육이다 보니 관심도는 낮았다. 그러나 내 생각은 달랐다. 오히려 대학 관계자들에게 장애 인권

교육이 더 필요하기 때문에 강의에 신경을 많이 썼다. 중간중간 핸드폰을 보는 사람도 있고 비스듬히 누워 주무시는 분도 있었다. 그런 광경이 내 눈에 들어왔다. 아무래도 자신과 연관성이 없고 공감대가 없다고 생각하니 관심이 떨어지는 건 당연하다. 그렇지만 거기에 연연하지 않고 소신껏 강의를 이어갔다. 그러다 강의 중 한 중년 남성분이 손을 들었다.

"왜 장애우라고 하면 안 되나요?" 하며 물었다.
"올바른 명칭은 장애인입니다. 예전 친근함을 주기 위해 장애우라고 잠시 썼지만, 우리가 서로 모르는데 친할 필요는 없지 않나요. 장애인도 마찬가지입니다. 특히 우 자는 벗 우(友)를 쓰는데요, 친구란 뜻이기에 나이에 걸맞지 않을 수도 있습니다."
라고 설명했다.

우리는 당연한 것에 익숙하다. 그래서 모두가 그렇지 않을까 생각하는 오류를 범한다. 장애인들도 똑같은 사람이다. 느끼는 감정은 똑같다. 그래서 평범하게 대하는 것이 올바른 행동이다. 그리고 마지막 순서로 장애인고용촉진 및 직업재활법과 장애인고용사례까지 강의를 마쳤다. 마치고 나니 박수 소리가 들렸다. 예의일 수도 있고 아니면 공감일 수도 있다.
강의를 마친 후 강의실 밖으로 나오는데 한 중년 남성이 '강사님' 하면서 불렀다. 뒤돌아보니 50대 중반의 남성이다.

"네 무슨 일로 부르셨나요?"

"강사님, 저는 이 학교에…."

하면서 명함을 건네주었다. 명함을 보니 대학교수였다.

"네, 무슨 일로 그러시나요?"

"저한테 아들이 있는데 지적장애를 가지고 있습니다. 지금은 20대 성인인데 그냥 집에만 있습니다. 강의 중 강사님이 발달장애인도 활동하고 일할 수 있다고 해서 혹시 우리 아이도 가능한가 싶어서요."

솔직히 난 속으로 생각했다. '교수님 아들이 왜 집에만 있지? 요즘은 주간 활동 서비스도 있고 주간 보호센터도 있고 여러 가지 활동을 찾아보면 많을 텐데.' 다시 물어봤다.

"교수님 아들이 집에만 계신다고요. 그럼 집 밖에서 활동하는 게 무엇이 있는지 궁금해서 물어보시는 거죠."라고 되물었다.

"네, 다 큰 성인이 집에만 있는 것이 답답하고 그렇습니다. 혹시 정보 좀 알고 싶어 물어봅니다. 우리 아이도 뭔가 할 수 있을까요?"

눈빛이 애처로워 보였다.

"네, 교수님 중증, 경증 발달장애인도 모든 활동이 가능합니다. 그것이 제가 오늘 강의하러 온 이유이기도 하고요. 직장도 가질 수 있습니다. 자신감을 가지시고 알아보시면 교수님 자녀분도 활동할 수 있는 일이 있다는 것을 알게 될 것입니다. 전국 장애인 부모 연대가 있고 저희 울산에는 울산장애인부모회가 있습니다. 더 궁금한 사항이 있으시면 이쪽으로 연락해보세요. 친절히 안내해주실 겁니다."

그러자 그분은 연신 고맙다면서 인사를 하고 나가는 문까지 눈인사했다. 아직도 그 장면이 선하다. 이 일로 장애라는 부분을 어떻게 인식하고 문제 해결을 어떻게 하는지 아는 것이 중요하다는 것을 알았다. 많이 배우고 알고 있다고 세상을 지혜롭게 살아가는 것은 아니다. 중요한 것은 세상과 소통하는 능력이다. 정보일 수도 있지만 나와 다른 것을 이해하고 함께 협력하고 연대하는 마음이 중요하다.

장애도 마찬가지이다. 세상은 많이 변했다. 장애는 단지 불편한 것일 뿐이다. 그 불편한 시선과 환경구조를 우리가 바꾸면 되는 것이다. 그러나 세상의 편견과 차별에 부딪혀 겁을 먹거나 행동하지 않았기에 전혀 한 걸음도 나가지 못하는 것이다. 이제 소통의 길이 되는 울산장애인부모회로 연락하고 행동으로 옮긴다면, 그 교수의 아들은 집에 있지 않고 장애 유형에 따라 활동할 수 있는 영역을 찾을 수 있다.

지금 읽고 계시는 독자분들도 만약 현재 뭔가 하기 두렵고 알기 어렵다면 가만히 있지 말고 여기저기 주변 분들한테 원하는 것을 얘기하라. 그러면 원하는 정보와 길을 찾을 수 있다. 방법은 그런 식으로 찾는다. 그리고 그 길을 스스로 헤쳐나가는 능력을 발견하게 될 것이다. 그것이 자신의 꿈으로 향하는 과정이다.

만약 현재 뭔가 하기 두렵고 알기 어렵다면

가만히 있지 말고 여기저기 주변 분들한테

원하는 것을 얘기하라.

그러면 원하는 정보와 길을 찾을 수 있다.

모두의 방어막

　우리나라 장애인의 역사는 그리 길지 않다. 1989년 장애인복지법, 2007년 장애인차별금지 및 권리구제 등에 관한 법률, 2014년 발달장애인 권리보장 및 지원에 관한 법률, 최근 2018년 5월 29일 장애인고용촉진 및 직업재활법으로 직장 내 장애인식개선교육이 법정 의무교육이 되었다. 40년 기간 동안 당사자와 장애인 단체, 활동가의 노력이 맺은 결실이다.

　법은 그냥 만들어지는 것이 아니다. 특히 소수 약자를 위한 법은 더 그렇다. 아직도 국회에 상정도 되지 못한 수많은 법에는 우리의 삶에 밀접하게 연관되어있는 법들이 더 많다. 의외로 사람의 존엄성을 위하는 법들은 상정되기 어려운 게 현실이다. 특히 장애인 관련법은 꼭 장애인만을 위한 법이 아니다. 누구에게나 닥쳐올 미래를 준비하기 위한 우리 모두의 법이라는 것을 잊어서는 안 된다. 소수 약자를 위한 법은 누군가의 희생과 투쟁으로 만들어진 법이 많다는 사실을 우리는 명심해야 한다. 현재 내가 꿈을 꿀 수 있는 것도 인간이 근본적으로 살아가는 데 기본을 누릴 수 있는 지역사회권 및 교육권 안에 속하기에 가능한 것이다. 그래서 인생에서 법도 중요하다.

현재 사업장에서 받아야 할 5대 법정 의무교육이 있다. 산업안전 보건교육, 직장 내 성희롱 예방 교육, 개인정보보호 교육, 직장 내 장애인 인식 개선 교육, 퇴직 연금교육이다. 사회구성원으로 살아가면서 알아야 할 아주 중요한 교육이다. 특히 직장 내 장애인식개선교육을 실시하는 목적은 장애인도 노동자의 권리로서 당연히 일할 권리가 있고, 장애인 노동자의 장애 특성에 맞게 근무환경 조건을 갖추는 것은 기업의 의무인 동시에 장애인의 당연한 노동의 권리라는 점을 알리기 위함이다. 그리고 장애인에 대한 올바른 인식을 갖추게 함으로써 비장애인들과 함께 근무할 수 있도록, 장애인 인권 감수성과 장애인 유형, 법에 관련된 제도, 고용사례 등 1년 1회 1시간 의무교육을 실시한다.

교육이란 살아가는 데 편견과 차별 그리고 세상을 바라보는 관점을 변화시켜주는 아주 중요한 자신에 대한 인생 배움이다. 학생들만 교육받는 시대에서 성인 평생교육을 받는 시대로, 더 나아가 직장 및 사회조직 구성원으로서 당연히 알아야 하는 교육 흐름으로 점차 변화되고 있다. 알면 이해하고 이해하면 배려와 수용이 생긴다. 그래서 법정 의무교육으로 인해 점차 대상들이 확대되고 있으며, 비장애인에게 장애인 감수성을 높이는 데 영향을 주고 있다. 이 법이 제정되기 전에는 주로 학생, 학부모, 교사 대상으로만 교육했다. 그러나 이제는 5인 사업체만 가져도 이 교육을 무상으로 들을 수 있는 구조가 되었다.

 한국장애인고용공단에서는 직장 내 장애인식 강사양성과정을 매년 실시하는 중이다. 수료한 강사는 3년 동안 강사 활동을 할 수 있다. 올해 나는 5년 차 강사로 보수교육을 이수하여 2024년까지 활동 기간이 연장되었다. 그만큼 강사 양성 또한 까다롭고 이수 이후에도 보수교육을 통해 강사역량 함양에 신경을 많이 쓰고 있다. 기존 장애 인권 강사에서 직장 내 장애인 인식개선 교육 전문 강사가 되면서 공공기관, 대학, 기업 등 비장애인 직장인 대상으로 강의하게 되었다. 강의내용에 나의 작은 경험도 곁들여 강의함으로써 자부심도 느끼고 삶에 대한 공감도를 높이는 데 최선을 다하고 있다.
 우리는 정보를 알려주는 강사가 아니다. 사람과 사람에 대한 존엄성과 수용적 삶에 대한 자세를 강의하는 강사다. 강의를 통해 서로 다름이 특별함이 아니라 누구나 평범한 삶 속에서 함께 살아가는 사람이라는 것을 말한다.

알면 이해하고 이해하면 배려와 수용이 생긴다.

특별한 머그잔

누구에게나 자신만의 강점이 있다. 그 강점을 즐기며 다른 사람들과 함께 나눌 수 있다면 그것은 기쁨이자, 행복이다. 그것을 재능기부라고도 하는데 난 나의 능력을 더 활용하기 위해 그 에너지를 사용한다. 사람의 신체에는 감각이 있다. 오감과 감정 그리고 氣(에너지)이다. 다행히 나는 그것을 잘 활용하는 사람이다. 주변 사람들과 사물에 관심이 많아서일까.

그날도 직장 내 장애인 인식개선 교육이 있어 모 공기업에 강의하러 갔다. 배 교수님과 인사를 나누고 강의 시작 전 몇 마디 담소를 나누었다. 신입 직원들에게 기념품으로 주는 머그잔에 새겨진 글자체가 컴퓨터 글씨체라 딱딱해서 마음에 안 든다는 얘기가 나왔다.

"제가 캘리를 하는데 하나 만들어드릴까요?" 하니 교수님이 웃으면서,
"캘리도 하시나요?"

"네, 잠시 보여드릴까요?"

그러면서 난 내가 그린 캘리 작품 사진을 보여줬다. 그러자 기대에 찬 교수님이,

"와~ 멋지세요. 해주시면 저야 좋죠. 부탁드려도 될까요?"
"네~ 해드릴 수 있어요. 그런데 글씨체를 마음이 들어 하실지…. 우선 만들어볼게요. 완성되면 카톡으로 이미지 보여드릴게요. 마음에 드시면 ai(일러스트) 파일을 메일로 보내 드릴게요."

그리고 강의 시간이 되어 강의를 시작했다.
며칠 후 나는 시간을 내어 마음을 가다듬고 붓글씨로 캘리를 몇 개 완성했다. 스캔 후 포토샵에서 이미지 파일로 만들어 배 교수님께 카톡으로 보내드렸다. 그중 괜찮은 것으로 하나 선택했다. 그리고 ai 파일로 전환해서 메일로 보내드렸다. 문자로 마음에 드신다고 고마워했다. 이런 과정들은 나를 즐겁게 한다. 내가 즐거워야 다른 사람도 즐거워지고 다시 내가 즐거워질 일이 생긴다. 좋은 에너지는 돌고 돈다.

그리고 얼마 후 그곳에 강의가 있어 갔는데 마침 신입 직원들에게 줄 머그잔이 나왔다면서 나에게도 한 개 주셨다. 마음이 두근거리고 설렜다.

"어떻게 글씨가 잘 나왔나요?"

"네, 깔끔하게 디자인이 잘 나왔어요."

상자를 열어보고 머그잔 글씨를 보았다. 생각보다 잘 나왔다. 마음에 들었다. 그리고 마음이 든든했다. 강의 내내 기분이 좋아 더 열정적인 강의를 펼쳤다. 그리고 몇 달 후 강의가 있어 강의실에 들어가니 책상마다 그 머그잔 상자가 보였다. 그리고 배 교수님이 강사소개 전에,

"책상 위에 놓여있는 머그잔 글씨를 한미라 강사님이 직접 써주신 겁니다. 글씨체 이쁘죠?"

하면서 환하게 웃으면서 소개를 해주셨다. 신입 직원들은 아마 장애인권강사가 캘리도 쓰고 참 독특한 사람이라 생각했을 수도 있다. 내 생각과 행동은 그런 형태로 즐겁고 신기하고 우연이고 기쁨으로 발견하고 찾아낸다. 세상에는 수많은 편견과 선입견이 있다. 그것을 교육으로 풀 수도 있지만, 행동으로도 보여줄 수 있는 강사가 되기를 나는 원했다. 그런 발자국들이 현재의 나를 완성하고 있다. 점점 나다운 나, 작은 에피소드들이 모여 내 꿈을 실현하는 과정이 되어가고 있다. 그래서 순간순간 자세에 잘 임하려고 노력하고 관심을 가진다.

강의 중 눈에 띄는 학생, 교육생들이 있다. 특히 그런 교육생에게 더 열성적으로 나의 호감을 보내고, 그분들이 교육을 통해 조금이나마 의식이 확장된다면 강사로서 소임을 다 했다고 생각한다. 지금도 그 공기

업에 신입, 경력직, 전문직 다양한 직원들이 그 머그잔의 스토리는 모르지만, 그 머그잔을 가지고 있을 것이다. 나 또한 나의 작품으로 집에 잘 모셔놨다. 지금부터 10년 후 나의 자료들이 될 것이니깐.

나의 캘리는 나만의 글씨체이다. 멋진 글씨체가 아니지만, 꾸준히 연습한 결과 남들이 봤을 때 작품으로 본다. 정형화된 작품은 자신의 빛이 없다. 어설프고 미완성 같고 비정형화된 작품들이 오히려 눈길이 가고 에너지를 발산하는 걸작이 된다. 그러니 너무 잘하려고 하는 것보다 나만의 문장, 그림, 글씨체, 작품을 오래오래 작업하다 보면 어느덧 자신만의 독특한 빛이 보인다. 그것이 바로 창의적인 행동이고 예술가다. 사람은 누구나 창의적이고 예술가다.

사람은 누구나 창의적이고 예술가다.

에너지 넘치는 장애인 부모 강사들

우리는 살아가면서 수많은 인연을 만나고 헤어진다. 만나는 동안 희로애락을 같이 겪는다. 때론 그런 관계에서 또 다른 길이 열린다.

큰딸이 4살일 때 아이의 장애를 받아들였다. 그때 남편 직장 지인이 울산장애인부모회 회원이었다. 그전에는 웹디자인 프리랜서로 일할 때 그분 소개로 울산장애인부모회 홈페이지를 만들었다. 지금 생각해보면 그때부터 인연이 되려고 그랬나 싶었다. 큰딸이 아프다는 소식을 알게 된 후 그분이 우리 집에 놀러 온 적이 있었다. 그분은 현재 나와 같이 울산장애인부모회 이사로 계신 이혜성 이사님이다.

지금 생각해보니 그분은 우리 부부가 얼마나 애처롭고 가엾게 보였을까 싶다. 그때는 그분의 조언을 받아들이지도 않았고 들으려 하지도 않았다. 강한 부정으로 우리에게는 절대 그런 일이 없을 거로 생각했다. 지금이라면 더 빨리 정보를 들을 걸 생각했겠지만 다 때가 있는 것 같다.

그리고 몇 달 후 난 장애인부모회 회원으로 가입하고 종종 지회 모임에 나갔다. 그러던 어느 날 동구지회 회원 중 장애인식 강사로 활동하는 회원분이 와서 장애인식 강사양성과정 소개를 해주셨다. 솔직히 나랑 전혀 상관없는 일이라 생각했고 '와! 참 대단한 일을 하시는 분이구나!' 부럽기까지 했다. 내가 과연 장애인식 강사가 될 수 있을지 잠시 생각만 했었다.

그다음 해 2010년 장애인식 강사 5기로 수료했다. 수료할 때 시연을 하는데 난 제대로 못했다. 너무 떨리고 기억도 안 나고 발음도 꼬이고 정말 엉망이었다. 그때 나에게 용기를 준 사람이 1기 김기옥 강사였다. 그분은 2, 3대 팀장을 역임하기도 했다. 내 인생 멘토이기도 하다. 아마 그분이 없었더라면, 현재 이 자리에도 없을 만큼 나에게 든든한 버팀목이 되어주셨다.

그사이 만 12년이라는 시간이 흘렀다. 올해 5월이면 인권 강사로 활동한 지 12년 차가 된다. 그동안 나의 이력도 아주 화려해졌는데, 모든 것이 인권에 맞춰져 있다. 현재 1기~16기까지 다양한 회원들과 함께 인권센터를 꾸려 가고 있다. 그리고 90% 이상은 강사로 활동하는 장애인 부모이다. 엄밀히 말하면 장애 자녀를 둔 엄마들이 울산 전역 학교로 다니면서 장애 인권교육에 이바지하고 있다. 스스로 자부심과 책임감을 느낀다.

우리 센터 강사 한 명 한 명은 각자의 역량과 마인드가 월등하다. 그래서 난 우리 센터 강사들이 좋다. 단합은 말할 것도 없다. 한번 우리 센터 강사로 들어오면 합심 그 자체다. 사진 찍을 때 포즈도 적극적이고 강사로 당당함은 어느 타 기관보다 짱짱하다.

그곳에서 팀장직을 4년 역임했다. 난 팀장직이 편하고 자유로웠다. 나이는 내가 한참 어리고 후배 기수지만 그런 상하 관계는 없다. 우리는 인권 그 자체를 존중하고 함께 성장하는 센터다. 4년 동안 팀장을 맡을 수 있었던 것도 강사분들 덕분에 가능했다. 서로 성향은 다르지만 서로 위하는 마음으로 어려운 여건 속에서도 굳건하게 나아가는 강사분들에게 고맙고, 존경하는 마음이다.

매년 공통강의안을 1, 2월 완성하고 시연이 통과되어야 그 해 학교 교육에 출강할 수 있다. 1, 2월은 자녀들이 방학이다. 장애 자녀가 집에 있기에 1, 2, 3차 공통강의안을 완성하기가 쉽지 않다. 하지만 강사들은 2월 말까지 시연을 마무리하는데, 대단한 열정이 아니면 해내기 어렵다. 나 또한 똑같은 과정을 겪는다. 팀장이었을 때 나도 시연에서 떨어져 재시연하기도 했다. 강사들끼리 "아! 1, 2월 정말 싫다." 하면서도 매년 그런 과정을 반복하다 보니 강사 5, 7, 10, 13년 차가 되어갔다.

작년에는 16기 강사양성과정에서 강의안 만들기 강의안을 맡았다. 그리고 4명이 수료했다. 처음 신청한 사람은 항상 20여 명이 넘지만, 시연까지 완료하고 수료하는 사람은 1~4명 사이이다. 그런 과정을 거치고 매년 공통강의안을 새로 완성하고 시연 통과하고 학교 교육을 나간다. '정말 믿을만하지 않는가!' 그런 사이 2018년 6월 15일 난 울산에서 첫 번째로 직장 내 장애인 인식개선 교육 전문 강사가 됐다. 내심 뿌듯하고 기뻤다.

강사로 엄청나게 잘한다고 생각하지는 않는다. 하지만 진정성 있는 강의라고 자부한다. 그렇게 활동하면서 학생 강의 횟수는 800회가 넘어간다. 그리고 교사, 학부모, 발달장애 당사자, 기관종사자, 공공기관, 기업 강의까지 강의 스펙트럼도 다양해졌다. 처음에 강사과정에서 시연을 못 했던 내가 이제는 떨림 없이 당당하게 내 소신껏 강의한다. 꾸준히 연속적으로 믿고 나가는 힘만 있으면 강사는 누구나 할 수 있다.

내가 과연 장애인식 강사가 될 수 있을까?
잠시 생각만 했었다.

간절히 원하면 이루어진다

    당신은 인연에 대해서 어떻게 생각하는가? 인연이란 사람과 사람 사이의 연분 또는 사람이 상황이나 일, 사물과 맺어지는 관계를 말한다. 평상시 우리는 다양한 사람과 인과관계를 맺는다. 공적, 사적으로 당신은 알게 모르게 눈에 보이지 않는 연을 만나게 된다. 요즘은 사람을 알아간다는 것이 어려운 일이 되었다. 그 사람을 통해 상처와 피해를 받을 수가 있다. 그래서 사람을 알고 지낸다는 것은 아주 피곤한 일이다.

    그러나 사람을 통해 당신의 꿈이 이루어질 수 있다면 상대를 대하는 언행부터 달라져야 한다. 특히 어떠한 공간에서 누구를 만나느냐에 따라 사람의 연은 달라진다. 난 사람을 만날 때 아주 특별한 비밀이 하나 있다. 그것은 직감으로 끌림에 대해 눈치를 채는 것이다. 쉽게 얘기해서 여러 사람을 만나는 장소에서 유독 눈에 들어온 사람이 있다면 그 사람과 다른 날 다른 장소에서 얘기를 나누는 장면을 잠시 생각만

한다. 그리고 마음이 기분 좋은 상태인지 확인을 한다. 그럼 어느 순간 그 장면이 현실로 연출된다. 이것이 바로 시크릿 '생각한 대로 현상'이 나타나는 것이다.

2015년 11월 그 현상이 현실로 이루어진 상황에 관한 이야기다. 내가 울산장애인부모회 동구지회장을 맡고 있을 때 회원들에게 특별한 강연회를 해주고 싶은 마음을 늘 간직하고 있었다. 그러던 중 우연한 기회로 '조성희 MIND POWER 강연회'를 열게 되었다. 쉽지 않은 일이었지만 주변 사람들의 연으로 놀라운 장면을 연출하게 되었다. 그 첫 번째 연은 2012년 '도서관에서 기적을 만났다'라는 김병완 작가님의 글쓰기 모임에서 노 대표와 최 대표를 만난 것이고, 그 이후 노 대표와 잠시 SD독서모임을 함께 준비하면서 조성희 대표를 처음 알게 되었다. 그리고 몇 년 후 최 대표의 머니시크릿을 울산에서 개최할 때 최 내표 도움으로 소정의 강의료를 드리고 부모회에서 그 놀라운 '조성희 MIND POWER 강연회'를 열게 되었다.

2012년(시간) 글쓰기 모임(장소)에서 알게 되어 그들을(사람) 통해 내가 꿈꿨던 일을 현실화하게 된 것이다. 결국 꿈은 혼자만이 아니라 내 주변인들을 통해 함께 성장하고 이루어진다는 사실이다. '이번 기회에 다시 꿈파쇼 최해숙 대표에게 감사한 마음을 전합니다.'

그런데 여기에서 중요한 것은 내가 원하는 것과 다른 사람이 원하는 것이 '다르다'라는 것이다. 장애인부모회 회원들은 이 강연회의 중요도를 알지 못했다. 그래서 강연자와 강연회는 준비가 되었지만, 전작 회원들의 관심도가 낮았다. 특히 장애인부모회 회원들은 강연회를 낯설어하기에 더 그렇다. 그래서 최대한 중요도를 높이기 위해 SNS와 전화로 알리기 시작했다. 평상시 지회 모임 때는 등산이나 점심 식사 또는 영화관람 때 제일 많이 모인다. 그래서 내 마음처럼 자연스럽게 이루어진다면 쉽겠지만 모든 것에는 노력과 열정이 필요하다. 그래서 울산에서 열기가 쉽지 않은 강연회라 주변 지인분들도 참석할 기회를 드렸다.

그리고 드디어 2015년 11월 12일 강연회 날이 되었다. SNS에서 뵙던 조성희 대표님도 직접 만나게 되니 가슴이 떨리고 벅차올랐다. 그분과 SNS에서 몇 마디 주고받는 정도였지만 실제로 만나니 너무 친절하시고 목소리도 에너지 그 자체였다. 강연회 내내 사람들은 흔히 듣지 못한 강연회를 듣게 되어 두근거림과 열기로 가득했다. 나 또한 그 떨림이 오래 지속되었다.

'모든 현상은 내가 원하는 대로 반응하므로 내 주변인들이 자석처럼 끌어당겨 줄 것이다.'(Dreamsark) 난 항상 이 구절을 생각하면서 마음속으로 간직하고 살아가고 있다. 지금까지 내가 원하는 대로 이루어진 것은 웹디자이너, 꿈 강사, 장애인권강사, 그리고 작가가 되었다. 나의 최종 꿈은 철학자다. 철학자의 꿈은 여고생 때부터 생각한 부분이라 나도 궁금하다. 내가 과연 철학자가 될 수 있을지, 아마 여러 가지 방법으로 가능하지 않을까 생각한다. 이것 또한 내가 품고 있는 아주 소중한 내 삶의 가치다. 내가 무엇을 품고 살아가고 있는지 그리고 그것이 현재 나에게 어떠한 영향을 미치고 있는지 아니면 내게 지금 간절히 원하는 것이 있는지 살펴볼 시기다. 왜냐하면 당신이 이 책을 선택했기 때문이다.

난 사람을 만날 때 아주 특별한 비밀이 하나 있다.
그것은 직감으로 끌림에 대해 눈치를 채는 것이다.
그럴 때 난 그 사람과 다른 날, 다른 장소에서
얘기를 나누는 장면을 잠시 생각만 한다.
그럼 어느 순간 그 장면이 현실로 연출된다.

'모든 현상은 내가 원하는 대로 반응하므로
내 주변인들이 자석처럼 끌어당겨 줄 것이다.'

−Dreamsark

꿈은 어둠 속의 한 줄기 빛이다

꿈을 이룬 사람은 어떤 사람일까? 당신은 현재 꿈이 있는가? 꿈을 꾸지 못하는 이유는 뭘까? 꿈이란 뭘까? 대부분 사람은 꿈에 관심이 없다. 그리고 생각보다 꿈에 대한 부정적 생각이 많다. 왜일까? 꿈을 성공과 목표로 생각하기 때문이다. 꿈은 목표가 아니라 진정 나를 알아가고 발견하고 찾아가는 과정이다. 그래서 꿈이 있는 사람은 도전을 두려워하지 않고 오히려 자신을 위해 즐기는 방법을 터득한다. 난 이쯤 해서 그 도전을 기꺼이 받아들이고 자신의 장애를 두려워하지 않고 당당히 꿈을 이룬 그녀들의 이야기를 할까 한다.

그녀들의 공통점은 바로 환하게 웃는 미소다. 누구나 사람에게 표정은 있다. 하지만 그녀들은 마음으로 그 표정을 보고 느끼고 아주 자연스럽게 표현한다는 점이다. 해맑고 순수한 그녀들의 꿈은 어디에서 힘이 날까? 그녀들의 꿈을 통해 당신도 도전하기를 희망한다.

첫 번째 그녀의 이름은 최예나, 20세 꽃다운 소녀이다. 예나는 일곱 달 만에 태어난 칠삭둥이로 몸무게 1.68kg의 미숙아였다. 그로 인해 예나는 시각 장애를 갖게 되었다. 빛이 무엇인지조차 모르는 예나는 모든 생활을 소리에 의존하다 보니 자연히 청력이 발달했다.

일반 어린이집에 다닐 때 외부 강사가 와서 장구를 가르쳐 주었는데 예나가 제일 잘 따라 했다고 칭찬해준 것이 예나와 국악의 첫 만남이다. 예나는 어릴 때부터 악기에도 재능이 많아 피아노, 장구 등 연주하는 족족 뛰어난 실력을 보였다. 초등학교 3학년 때는 외부 강사가 판소리 전공자였는데 예나가 판소리에 재능이 있다고 판소리 배우기를 강권했다.

하지만 엄마는 예나가 비장애인과 사회 속에서 잘 살아가고 잘 걸어다닐 수 있는 훈련을 하도록 발레를 가르쳤다. 시각 장애로 평형감각이 부족한데 발레가 도움이 될 것 같았기 때문이다. 그런데 예나가 발을 접질려 발레를 할 수 없게 되었다. 엄마는 그때 판소리를 떠올렸다. 학원에 가서 일단 판소리를 배워 보고 계속할 것인지 아닌지의 선택은 예나가 결정하기로 했는데 예나가 판소리를 너무도 좋아했다.

판소리를 제대로 배우려면 일대일 개인 사사를 해야 하기에 스승을 찾아야 했다. 일주일에 한 번씩 울산에서 부산으로 오가며 판소리를 배웠다. 판소리는 발음이 정확해야 하고, 손짓과 몸짓이 곱고 아름다운 발림이 필요한데 세상을 본 적이 없는 예나로서는 선생님의 설명으로도 이해가 되지 않아 선생님의 손과 몸을 만져 보면서 익혔다.

예나는 실력을 인정받기 위해 판소리대회에 출전하여 평가받기로 하고 부지런히 대회를 쫓아다녔다. 2015년부터 대회에 출전하여 2016년 제17회 공주 박동진 판소리 명창/명고 대회에 나가서 장원했고, 지방 판소리대회의 대상을 싹 쓸었다. 그리고 2018년 제6회 대한민국 장애인예술경연대회 '스페셜 K' 사상 최연소 나이인 15세(만 13세)에 대상(문화체육관광부 장관상)을 차지했다. 2018년 대전TJB에서 주최한 제11회 전국 장애 학생 음악콩쿠르에서는 종합 대상을 차지해 예나의 존재감이 빛나게 되었다. 예나는 글도 잘 써서 글짓기상도 많이 받았고, 나눔글짓기대회에서 교육부장관상을 받았다. 동백 국제콩쿠르에서 대상을 받을 정도로 피아노 연주 실력가이고, 가야금과 고법(북 반주)도 배우고 있다.

자기가 하고 싶은 것을 즐기면서 하므로 예나는 행복하다. 그래서 항상 웃는다. 판소리 〈심청가〉 중 '심봉사 눈 뜨는 대목'을 부르는 최예나는 소리꾼으로서 대중을 압도한다. 대중이 그녀의 소리에 교감하는 것은 최예나에게서 심청이가 보이기 때문이다. 그 누구보다 최예나가 심청이 마음을 잘 이해하기 때문일 것이다. 소리꾼에게 시각 장애는 단점이 아니다. 오히려 장점이 될 수 있다. '예나의 끊임없는 노력과 엄마의 정성 어린 관심 그리고 주변인들의 도움으로 진정한 소리꾼을 넘어 예술가의 꿈으로 성큼성큼 다가가고 있다.'

꿈은 용기이자 희망이다. 그녀의 엄마이신 정화심 샘은 9기 장애인권 강사다. 지금은 딸에게 집중하고 있어 강사 활동은 못 하지만 딸을 통해 희망을 얻는 그 자체가 장애인권교육이라 생각한다. 난 그녀들의 꿈을 응원한다.

두 번째 그녀의 이름은 고녹연, 20살 어여쁜 아가씨다. 녹연이는 현재 소소한 카페에서 바리스타로 근무하고 있다. 끼 많은 아가씨라 늘 그녀 주변에는 해피바이러스가 뿜뿜 일어난다. 아이돌 춤을 추는 것을 좋아하고 공부에 관심이 많아 고등학교 때 컴퓨터 관련 자격증(ppt)을 여러 개나 딸 정도였다. 한번 마음먹으면 집념이 있는 아이다. 그런 사랑스러운 그녀는 다운증후군이라는 어려운 장애를 가지고 태어난 아이다. 장애로 인해 엄청난 고통과 힘든 일이 많았지만 녹연이가 비장애인들과 함께 어울릴 수 있었던 것은 엄마의 몫이 대단했다.

엄마는 녹연이가 아기 때부터 지금까지 지역사회통합에 관심이 많아 늘 비장애인 아이들과 함께 어울리는 방법과 기술을 자연스럽게 터득하게 하고 반복적으로 연습을 많이 했다. 비록 여러 좌절이 있더라도 그에 굴하지 않고 꿋꿋하게 나아갔기 때문에 현재의 녹연이가 있는 것이다. 그녀의 엄마는 나와 함께 9기 장애인권강사로 활동하신 정지원 강사이다. 이분과 나는 같은 나이인 친구이자 동료이다. 이분과 대화 속에서 참 잘 통하는 부분이 있다. 그것은 바로 꿈과 에너지 그리고 열정이다. 그래서 대화 자체가 즐겁고 재미있다. 그런 그녀의 딸도 엄마를 많이 닮아 가고 있다.

예나와 녹연이의 공통점은 바로 자신에 대한 믿음과 가족의 힘이 아닐까 싶다. 장애가 있으면 꿈도 없으리라 생각하는 사람이 많다. 하지만 의외로 장애인 가족들은 더 많은 꿈과 희망을 품고 살아간다. 그것은 장애를 받아들이고 인정했기에 그다음은 모든 것이 덤이라 생각한다. 그래서 포기하지 않고 묵묵히 노력하는 것, 그것이 꿈이다.

꿈이란 어려운 환경 속에서 어둠 속 빛줄기다.
비록 좌절과 힘듦이 있더라도 포기하지 않고 묵묵히 나아가는 힘,
그것이 꿈의 원동력이다.

장애인시설에서 꿈 열매를 맺다

　몇 년 전 처음으로 보건복지부에서 실시하는 전국 장애인시설 전수 조사에 조사원으로 3개월 활동하게 되었다. 조사원 중 장애인 단체 임원들도 포함되는데 울산지부에서 추천받았다. 몇 년 전 모 장애인시설에 인권지킴이단원으로 인권 모니터를 3년 활동한 경력도 있고 당사자 인권교육도 경험해봐서 과감히 도전했다. 사실 짧은 시간에 시설 이용자를 이해하고 파악해서 조사표를 작성한다는 것은 어려운 일이다. 요즘같이 코로나 상황에서 장시간 마스크를 끼고 똑같은 질문지를 온종일 반복해서 묻기도 쉽지 않은 일이었다. 하지만 이용자분들의 자립 인지도와 자립 의지, 인권에 관한 아주 중요한 활동이기에 최선을 다해 엄중히 조사했다.

　그러던 중 한 시설에서 인권조사를 마친 후 인사드리려니 시설 선생님이 마침 이용자 인권교육이 필요한데 해줄 수 있는지 물어봤다. 그래서 직장 내 장애인식개선교육에 인권교육이 가능하다고 했다. 이용자분들 중 시설에 있으면서 직장, 작업장에 출근하시는 분이 생각보다 많았다. 그래서 그분들 인지에 맞게 인권교육 강의안을 작성하여 제출했다. 중증, 경증 두 분류로 나누어 강의 교안을 작성했다. 비장애인 교육보다 장애인 교육안이 더 까다롭고 어렵다. 내용 이해와 인지를 맞추어야 하기에 최대한 이해하기 쉽고 간결하게 이미지와 단어로 구성했다.

이번 전수조사를 하면서 느낀 점이 있다. 시설 안 생활이 과거보다는 조금은 자유로워지고 다양한 프로그램도 이루어지고 학교와 보호작업장, 체험 홈, 직장을 다니고 주말에는 집에 외박하는 때도 있다. 그런데 문제는 시설 안에 서로 다른 장애 유형이 함께 있다 보니 부딪히는 일이 종종 발생한다는 것이다. 당연히 사람과 사람이 지내는 곳에는 항상 기분 좋은 일만 생기지 않는다.

특히 발달장애인분들은 자신의 감정을 표현하고 소통하는 데 어려움이 있다. 만약 시설 안에 구조적 문제, 이용자 간의 소통 부재, 서툰 감정표현, 오해 이런 것들이 쌓이면 말로 표현하기 어려우므로 과격한 행동 또는 폭언과 같은 상황들이 발생한다. 그래서 세심한 관찰과 관심이 필요하다. 그러나 시설직원, 선생님들이 일거수일투족을 관찰할 수 없기에 하루 일상에 당사자들의 감정대조표가 필요한 것 같다.

그래서 경증 이용자 강의안은 인권에 대해 쉽게 이미지로 표현하고 감정도 여러 가지 행동과 표정을 쉽게 표현한 동영상과 이미지로 보여주고 나의 감정을 포스트잇에 직접 써보고 하나의 인권 나무에 자신의 감정을 붙여보고, 서로의 감정을 이해하고 존중하는 차원에서 인권 나무를 완성시켜 보았다. 중증 이용자는 글 쓰는 것과 말로 표현하는 것이 어렵기에 풍선을 불어 이쁜 마음 스티커를 붙여보고 자신의 인권 풍선을 꼭 안아보고 내 옆에 있는 소중한 인권 풍선도 바꿔 꼭 안아보는 시간을 가져보았다. 마찬가지로 인권교육과 감정 동영상도 시청했다.

경증, 중증 이용자와 함께 강의하면서 느낀 점은 생각보다 집중하고 관심이 높다는 것이다. 그리고 엄청 활동적이고 적극적이다. 경증 남성 이용자 한 분이 강의실로 들어오면서 나를 빤히 쳐다봤다. 얼마 전 전수조사 때 면담했던 분이라 얼굴이 기억이 났다. 아마 그분도 나를 아는 듯 계속 시선이 마주쳤다. 강의 중 활동할 때 그룹별로 앉았는데 그분께 가서 인사하고 기억나냐고 물어보니 웃으면서 기억난다고 "안녕하세요." 인사를 했다. '일굴을 기억하고 계시는구나!' 나도 반갑게 다시 인사를 했다.

그분들은 그때 나와의 만남을 기억하고 계셨다. 그래서 그런지 강의 중 더 활발하게 동참해주시고 호응이 좋았다. 서툰 글씨로 느리지만, 자신의 감정을 직접 쓰고 인권 나무에 붙일 때 아주 신중하게 위치를 선정하고 글자를 잘 몰라도 자기 의지로 선생님의 도움을 받아 글을 쓰고 직접 붙였다. 이런 활동들이 점점 많아지면 스스로 뭔가 결정하는 능력도 향상되고 자신이 원하는 것을 알게 된다.

장애인분들이 특히 더 많은 교육을 받고 지역사회에서 더 많은 활동을 해야 하는 이유이다. 1시간 30분 동안 경증, 중증 발달장애인분들에게 강의하면서 나 자신도 기분 좋은 마음과 뿌듯한 마음이 동시에 들었다. 오히려 이런 과정이 나를 성숙하게 만든다.

사람은 어떤 환경에서 생활하고 교육받고 활동하느냐에 따라 성장한다. 마찬가지로 장애인은 훨씬 더 교육 효과가 크다. 만약 비장애인과 함께 생활하고 활동한다면 그 효과는 상상 그 이상이다. 그래서 통합사회, 함께 더불어 사는 사회로 가는 것이 진리이다. 사람은 혼자 살 수 없다. 비장애인도 누구와 대화 없이 혼자 산다면 자신이 가지고 있는 고유 특성도 잃게 되고 심지어 퇴행한다.

사람은 사회적 동물이라 하지 않았는가! 지역사회 안에서 장애인이 함께 살아갈 수 있는 지역통합사회시스템이 절실하다. 그것은 우리 모두를 위한 보편적 인권사회로 가는 지름길이다. 100세 시대 장애는 결국 현실로 다가오는 우리의 문제이다. 예전에는 시설하면 장애인시설만 떠올렸지만 앞으로 노인을 위한 시설도 필요하다. 요양원에 가보면 장애인시설과 별반 다르지 않다. 그래서 시설은 이제 폐쇄적이지 않고 지역사회 안에서 누구나 소통할 수 있고 발전할 수 있는 공간으로 탈시설화가 되어야 한다. 그것이 우리 문제이자 우리의 과제이다.

배움이란 모르는 것을 알게 하고
그 앎을 통해 세상의 이치와 진리를 알게 된다.

꿈을 통해 일을 배우다

사람이 살아가면서 가장 기본적인 권리가 있다. 바로 배울 권리와 일할 권리이다. 배움이란 모르는 것을 알게 하고 그 앎을 통해 세상의 이치와 진리를 알게 된다. 인간은 생산적인 동물이므로 일함으로써 성장하고 자신의 가치를 인정한다. 그리고 인간만이 가지고 있는 독특한 행동이 있다. 바로 '성공'이다. 성공은 배우고 터득해서 뭔가 물질적으로 이루어졌을 때 대체로 성공했다고 한다. 꼭 돈을 벌지 않아도 인성과 지성으로 사람들에게 인정받는 것 또한 명예로 성공했다 한다. 그러나 누구에게나 가능한 일은 아니다.

그렇다면 평범한 사람 대다수에게 성공한다는 것은 일로써 노동의 대가를 받고 직위를 얻고 다시 돈을 버는 행위를 말한다. 그러나 우리는 돈이 돈을 버는 시대에 내몰려있다. 그래서 많이 배우지 못하고 든든한 지원자나 아는 지인이 없다면 직장을 구하기가 하늘의 별 따기다. 아무리 좋은 대학을 나와도 이제 취업대란에 내몰리는 시대이다. 그중에서도 사회초년생, 장애인(발달장애인), 여성, 청소년 노동자, 이주노동자는 가장 취약한 계층이다. 그래서 요즘 시대에 꼭 필요한 교육이 바로 노동인권교육이다. 우리도 선진국처럼 일찌감치 학교에서부터 노동교육을 시작해야 한다. 아직 노동인권교육은 큰 기업의 노조들만 받는 교육이라는 고정관념을 가지고 있다.

나 또한 직장 내 장애인식개선교육 전문 강사로 활동하면서 장애인 노동자에 관해 공부하게 되었고 자연스럽게 노동자 인권에 관해 관심을 가지게 되었다. 그런데 마침 울산 청소년 노동인권 네트워크에서 2달 정도 노동인권 강사양성과정을 신청하게 되었다. 그사이 다시 코로나가 심상치 않아 교육 일정이 몇 번이나 변경되고 11월 중순쯤 모든 과정을 마치고 시연 후 수료하게 되었다. 12월이 되니 상황이 좋지 않았지만, 중학생 대상으로 노동 인권교육을 첫 강의를 하게 되었다.

학생들 반응은 의외로 좋았다. 방학 때 잠깐이라도 아르바이트를 해본 친구들은 노동 인권교육을 듣고 나서 자기도 표준근로계약서를 써야 하는지 몰랐다고 했다. 그리고 다음에 또 교육을 받고 싶다고 했다. 역시 자신에게 필요하고 공감되는 부분에는 적극적이다.

우리는 노동자와 근로자를 혼합해서 많이 사용한다. 대체로 노동자는 작업복에 청소하는 노동자, 배달노동자, 택배 노동자를 떠올린다. 근로자는 사무실에서 근무하는 직장인을 생각한다. 노동자의 사전적 의미는 노동력을 제공하고 그 대가로 받은 임금을 가지고 살아가는 사람이다. 그래서 어떠한 일을 하든 일하는 사람은 모두 노동자다.

선진복지국 같은 나라에는 벌써 초등학교 때부터 노동교육을 하고 있다. 프랑스에서는 노동자의 권리는 당연한 권리이며 집회의 자유가 보장된 나라이다. 경찰, 교수, 전철 공무원 등 다양한 노동자들은 집회할 권리가 있다. 우리가 꿈을 꿀 수 있는 것도 이러한 권리가 보장되는 사회에서 가능한 일이다. 그래서 '아는 게 힘이다.'라는 말도 있지 않은가! 뭐든 많이 배워두면 다 연결되어 있고 나의 꿈에 가는 과정에 디딤돌 같은 역할을 한다. 강을 건널 때 돌이 하나둘씩 디딤돌로 놓여있다면 지나가는 동안 안전하게 지나갈 수 있다. 내가 원하는 장소(목표)로 가려면 변화가 필요한 3요소가 있다. 시간, 인간, 공간이다.

어느 장소에 몇 시에 누구를 만나고 있느냐에 따라 나의 인맥, 정보맥, 꿈맥(꿈의 길)이 형성된다. 조금 더 구체적인 노동 인권교육을 받고 싶어 울산노동인권센터에서 노동 전문 강사 과정을 밟고 활동했다. 코로나의 영향으로 강의하는 데 어려움은 있지만, 장애 인권교육과 노동 인권교육은 연관성이 있기에 더 폭넓게 활동하기 위함이다. '노동은 이 세상을 만들고, 서로를 연결하는 징검다리 같은 것, 우리는 누군가의 노동에 기대어 살아간다.' 그래서 꿈은 노동이다. 사람이 무엇인가 행위를 하는 그 자체가 바로 생존이기에 누구나 노동하면서 살아가야 한다. 그러므로 노동은 인간의 신성한 최대 행위이다.

제4장

프리즘 꿈정원에서 코끼리를 만나다

Renize

하찮은 돌은 없다

세상의 존재에는 크게 하늘과 땅, 바다, 공기 그리고 인간이 있다. 하늘에 별, 구름, 바람이 있고 땅에는 흙과 나무, 식물이 있다. 바다에 물과 어류, 해초류가 있으며 이것을 다 아우르는 공기가 있다. 그런데 이 중에서 가지고 다닐 수 있는 세상의 존재가 있다. 그것이 바로 돌이다.

우리는 돌을 가장 하찮은 존재라 생각한다. 주변에 굴러다니는 돌은 그냥 인간들의 발길에 치이기도 하고 아니면 인테리어에 사용되거나 건축재료로 사용되기도 한다. 그러나 생각보다 돌은 우리 인간에게 엄청난 에너지를 주는 존재이다. 돌이 세상에 없다면 유형을 만들기도 어렵다. 그리고 인간이 살아가는 데 필요한 도구가 만들어지지도 않을 것이다. 그만큼 중요한 소재이다. 그래서 난 돌을 나에게 맞게 우주의 에너지로 사용하고 있다.

세상의 존재는 광활한 우주와 연결되어있다. 그래서 자연은 신비로운 것이다. 그중에서 우리 손에 잡을 수 있는 것은 바로 돌이다. 그 돌에 관해서 이야기하려 한다. 12년 전 내가 처음 주최한 울산 독서 모임에서 한 회원이 가져온 시크릿 영상을 보고 그때 돌에 대한 힌트를 얻었다. 시크릿 영상 중 '감사의 돌'에 대한 내용이 나온다. 흔한 돌에 감사의 의미를 부여하고 그 돌을 가지고 다니면 감사한 일이 일어난다는 이야기다. 대부분 사람은 이 부분을 보고 바로 이해하지 못한다. 하지만 난 힌트를 얻었고 영상에 나온 돌의 의미처럼 나도 돌을 사용하게 되었다.

근처 바닷가에서 이쁜 돌을 주워서 감사의 돌이라 의미 부여했다. 그리고 감사한 상황이 생기면 그 돌을 만지며 '감사합니다.'라고 했다. 어느 날 난 그 돌을 찬찬히 보게 되었다. 그 돌에 뭔가 새기면 좋지 않을까 불현듯 생각이 들었다. 그래서 조금 크고 평평한 면이 있는 돌을 찾아 테스트로 새겨 보았다. 그냥 감사의 돌보다는 자신의 비전을 새기면 좋지 않을까 생각이 든 것이다. 그리고 그 돌에 이름을 지어주었다. 그것이 바로 비전스톤이다.

현재는 총 50명 정도의 비전스톤人이 있다. 첫 작품은 조금 투박하고 매끄럽지는 않았지만, 비전스톤을 원하는 사람이 생기기 시작했다. 감사의 돌은 자신의 구체적인 목표가 없다 보니 조금 난해했는데 비전스톤은 자신의 비전 또는 목표를 새기기 때문에 더 특별하다.

한글 5자 이내로 제한 두고 영어, 한자 다양한 언어로 가능했다. 그리고 처음에는 크레파스를 사용했지만, 나중에는 먹 펜을 사용했다. 요즘 만든 비전스톤은 이런 이미지이다. 원하는 사람마다 느낌에 따라 글씨체도 달라졌다.

그리고 비전스톤이 다 완성되면 그 돌이 들어갈 공간도 마련했다. 사기 접시 또는 나무상자에 넣어드렸다. 그것이 비전스톤의 최종 완성이다. 그냥 굴러다니는 돌이 아니라, 무심히 스쳐 지나가는 돌이 아니라 자신이 원하는 꿈의 원동력 도구로 만들어드린다. 꿈의 과정은 눈에 보이지 않고 쉬운 과정은 아니지만 이렇게 현상으로 표현해서 꿈의 도구로 활용하게 된 것이 기발한 아이디어라 생각한다. 캘리 글씨도 마찬가지이다. 또 다른 방법으로는 휴대전화도 나에게 아주 좋은 꿈의 도구가 된다. 그래서 자신 가까이에 있는 사물에 대한 인식도 바꿀 필요가 있다. 자동차, 노트, 옷, 신발, 액세서리, 글, 요리, 음악, 미술 등등 생각보다 꿈의 도구는 많다.

단지 글씨와 돌을 내 꿈의 도구로 사용한 것뿐이다. 하찮은 돌을 조금 더 특별한 의미로 부여하고 그것을 다른 사람과 공유하는 그 자체만으로도 난 나다움을 알아가고 있다. 에너지는 눈에 보이지 않지만, 이 비전스톤은 나에게 에너지다. 그러니 꿈은 결국 추상적이고 비현실적인 것이 아니라 더 현실적이고 구체적으로 만들어지는데 나다움을 표현한 중요한 소재이다.

에너지는 눈에 보이지 않지만,
이 비전스톤은 나에게 에너지다.

꿈을 키워준 멘토

사람의 인연은 신기하다. 불교에서 인연은 겁이라 한다. 우주가 태동해서 멸망하기까지의 헤아릴 수 없을 만큼 장구한 시간을 의미한다. 그만큼 인연은 그냥 단순한 만남은 아니다. '순간 찰나에 만나는 인연, 오랜 시간이 지나 돌아 돌아 만나는 인연, 계속 이어져서 지속하는 인연'이 있다. 나 또한 50 가까이 살아오면서 수많은 인연이 스쳐 지나가기도 하고 현재 머물러 있는 인연도 있다. 그 인연 중 한 분을 소개할까한다. 2010년 울산 청년창업프로젝트에서 만난 현 울산 중구평생학습관 김지영 주무관(평생교육사)님이다. 그때는 행복한교육연구소 평생교육기관을 준비하고 계셨고 한국방송통신대 평생교육 담당 교수이기도하셨다.

그분은 울산 평생교육 기관을 제대로 구축하는 게 꿈이었다. 그때당시만 해도 울산 평생교육은 막 걸음마 단계였다. 그래서 그분은 직접프로그램을 만들어 공모전에도 도전하고 방통대 학생들에게 평생교육실습도 할 수 있게 제공도 하고 각가지 많은 봉사활동과 다양한 프로그램을 접목하셨다.

2012년 울산에서 웰다잉 전문가과정도 실행하신 분이다. 나도 30대 중반에 웰다잉 전문가과정을 수료했다. 현재 웰다잉은 많이 알려져 있고 사전 의료의향서가 많이 보편화되었다. 그 시기에는 사회적인 이슈라 쉽게 접근할 수 있는 사항은 아니었지만 앞을 내다보고 추진하신 분이다. 그랬던 그분은 행복한 교육연구소에서 나에게 많은 기회를 주셨다. 연구소 내에 나만의 독특한 꿈 프로그램을 긍정적으로 평가해서 꿈 비전연구회라는 한 부분을 내어주셨다. 그분은 항상 나의 이야기를 즐겁게 들어주시고, 응원해주셨다. 내게 항상 이런 말씀을 하셨다.

"미라의 말을 듣고 나면 열정이 생기고 기분이 좋다"며 늘 칭찬을 아끼지 않았다. 마치 엄마가 아이에게 무한한 사랑을 주듯이….

그 덕분에 난 다양한 사람들에게 꿈 강의를 할 수 있었고 학생, 주부, 노인 등 수강자분들은 나의 꿈 프로그램을 살아 숨 쉬고 움직이게 해주셨다.

벌써 이분과의 인연도 12년이 되었다. 12년이면 강산도 변한다. 하지만 이분과의 인연은 현재도 변함없다. 요즘 서로 너무 바빠서 자주 뵙지는 못하지만, 가끔 전화를 드리면 변함없이 반가워해 주신다. 지금은 울산평생교육가로 김지영 주무관님을 모르시는 분이 없을 정도로 이 분야의 고수이자 전문가가 되셨다. 나의 멘토이자 존경했던 분이라 너무 자랑스럽고 내가 더 뿌듯하다.

그런 분이 나의 작품을 보면 극찬을 아끼지 않으신다. 처음 이분께 해드린 것이 행복한 교육연구소 로고이다. 2011년도 연구소를 개소할 때 나는 잠시 방송통신대 교육학과 2학년에 편입할 때였다. 주무관님 이 부탁하신 로고라 잘해드리고 싶었다.

그런 중 방통대 철학 수업시간에 나의 머리를 스치는 일이 있었다. 교수님 강의 중에 내 손이 바쁘게 움직이기 시작했다. 수업내용은 삶 에 관한 이야기였다.

훈민정음에서 슒은 삶과 앎을 합친 말이다.

삶, 앎, 잠 '살아가다. 알다. 자다.'란 의미이다.

인간은 휴식(잠)을 통해 살아가고 알아가는 것이다. 그런 의미에서 슒 이 평생교육에 딱 맞는다는 생각이 들었다. 이미 손은 종이에 스케치 하기 시작했다. 그리고 완성된 스케치 이미지를 보내드렸다. 주무관님 은 마음에 드신다고 연실 좋아하시며 '참 잘 짓는다' 하셨다. 그리고 이 로고를 2018년 울산 중구평생교육센터에 센터장으로 가기 전까지 사 용하셨다. 내게 정말 고마운 일이다.

그리고 몇 년 후 그분 요청으로 비전스톤도 만들어서 드렸다. 행복한 교육연구소로 새긴 비전스톤이다.

지금도 나에게 늘 용기와 힘을 주신다. 항상 잘 될 거야! 지지해주신 다. 사람의 인연은 참 신기하다. 서로 다른 성향이 만났음에도 불구하고 그분과 나는 문제가 없었다. 물이 흐르듯 그렇게 자연스럽다. 사실 김지영 주무관님은 카리스마가 있는 분이라 그리 쉽게 다가갈 수 있는 분은 아니다. 그런 분도 시간이 지나니 어느새 더 많은 사람을 아우르는 참 지도자가 되셨다. 그래서 난 김지영 주무관님이 좋다.

이번에 책을 쓰게 되었다고 하니 내용이 무척 궁금하고 잘 될 거라며 근처에 오면 밥 사줄 테니 오라고 하셨다. 난 인복이 참 많다. 내 주변 사람들은 나를 내가 생각하는 나보다 더 가치 있게 봐주신다. 그래서 항상 겸손한 자세로 사람을 대하려고 노력한다. 내가 잘나서가 아니라 내가 한없이 낮은 존재라 생각하기에 그렇다.

난 생각보다 부족한 점이 많기에 나 자신을 잘 안다. 그렇지만 그 자신도 나인 것을 나는 인정한다. 단 나의 능력을 알아서 봐주는 사람들에게 항상 감사하게 생각한다. 내가 만든 인연은 내가 거두어야 하고 아무리 나와 다른 사람이라도 적으로 둘 필요는 없다. 행복은 혼자만이 있을 때 오는 것이 아니라 여럿이 함께 희로애락을 느꼈을 때 참 행복을 알게 된다. 나의 정신과 육체가 정성스럽게 다행히 행(幸)할 때 복(福)을 누린다. 그래서 생활에서 기쁨과 만족감을 느끼고 흐뭇한 상태가 유지될 때 비로소 꿈꾸는 자신을 발견한다.

내가 만든 인연은 내가 거두기

내가 만든 인연은 내가 거두어야 하고 아무리 나와

다른 사람이라도 적으로 둘 필요가 없다.

우주 파장인은 코끼리다

"나는 우주 파장人이다."라고 자신 있게 말할 사람이 몇 명이나 될까? 여기서 말하는 우주 파장인은 외계인을 말하는 것이 아니다. 우주 파장인은 지구상에서 우주 에너지의 파장을 알고 공유하는 사람을 말한다.

우리는 모두 평범한 삶을 살아가고 있다. 먹고 자고 일하고 기본적인 욕구를 해소하면서 살아간다. 이러한 평범함 속에서 자신의 고유 정체성을 의식적으로 확인하고 일깨우고 나와 비슷한 우주 파장인과 함께 공유했을 때 비로소 내 존재를 더 부각하고 알아가는 행위를 하는 사람을 우주 파장인이라 칭한다. 지금까지 살아오면서 만난 사람 중 우주 파장인은 몇 안 된다. 그분들 중 한 사람을 소개할까 한다.

2014년 3월 울산좋은사람 모임에서 나는 디자인실장 역할을 맡고 현수막과 각종 디자인을 작업했다. 그 모임은 독서클럽&강연회&3p 바인

더를 하는 모임이다. 그러던 중 그 모임에서 꿈의 멘토 박도은 대표를 만나게 되었다.

작은 체구에 눈에서 빛이 나는 한 여성을 보았다. 나이는 나보다 어려 보였는데 목소리가 당차고 당당한 기색이 눈에 띄었다. 나는 어느 모임에서 내 눈에 띄는 사람은 다음에 꼭 얘기 나누게 되고 인연으로 이어지는 경향이 있다. 아니나 다를까. 어느 날 모임에서 박 대표와 대화를 나눌 수 있는 시간이 있었다. 짧은 대화에서 서로 통하는 부분이 꽤 많아 놀라웠다. 그때만 해도 나는 꿈에 미쳐 있어 만나는 사람마다 나의 꿈에 멘토 '샤크' 얘기를 자주 꺼냈다.

그런데 박 대표는 내 말을 무척 공감해주고 말끝마다,

"어 진짜. 정말요. 샘 대단해요!"

이런 리액션을 자주 해줬다. 듣다 보니 너무 신나 계속 얘기하고 싶은 마음이 들었다.

우리는 누군가 나의 말을 공감해주면 신나서 얘기했던 기억이 있을 것이다. 그럴 때면 나는 '아! 우주 파장인을 제대로 만났구나! 이 사람과 알고 지내면 나에게 기분 좋은 일 많을 것 같다.'라는 느낌이 든다. 지금 생각해보면 그때 내 생각이 맞았다. 이분과 있었던 에피소드를 얘기할까 한다.

2015년 9월 14일 '레인보우 꿈 탐험가 7인' 꿈 프로그램을 기획하던 중 박 대표에게 재능기부를 부탁하게 되었다. 프로그램명은 '친구야 놀자!'이다. 생협 2층 사무실에서 둘째 딸 반 친구 13명과 함께 즐거운 놀이 프로그램을 진행했다. 아이들이 너무 신나 다음에 또 하고 싶다고 할 정도로 신체운동 정신운동도 함께 했다. 그리고 외국 친구분도 오셔서 함께 영어로 대화하는 놀이도 했다. 2시간 동안 몸에 땀이 날 정도로 아이들과 함께 적극적으로 활동했던 기억이 난다. 그때 친구 엄마들이 '와~ 이런 프로그램은 어디서 하나요?' 할 정도로 관심이 높았다. 이분이 있는 곳이 우리랑 사는 곳이랑 달라 쭉 이어지지는 않았지만 역시 '박 대표'라 생각했다.

그리고 두 번째로 우주 파장인다운 행동으로 실천한 과정을 소개한다.

2016년 1월 박 대표는 꿈의 멘토 유럽 캠프 "지구 한 바퀴 프로젝트"를 계획하고 있었다. 주로 초중고 학생들 대상으로 한 달 동안 미국, 유럽 중 선택해서 그곳에서 영어로 생활하면서 몸소 체험하는 프로그램이다. 그곳에 가면 학생들은 모든 것을 스스로 행동하고 결정해야 한다. 초등학생들이라 잘 할 수 있을까 의문이 들었다. 하지만 박 대표의 많은 경험과 노하우로 아이들은 자신만의 여행 로드맵을 만들었다. 한 번 다녀온 학생들은 다음에 부모님들이 안심하고 또 보낼 정도이다. 이번에 박 대표도 책을 썼는데 이런 내용으로 기획한 책이다. 그 책은 바로 베스트셀러가 되었다.

자! 그럼 어떤 에피소드인지 소개한다.

어느 날 박 대표가 학생들과 한 달간 유럽 캠프를 간다고 말했다. 그때 어떤 생각이 들었다.

그 무렵 한창 비전스톤을 만들어 주변에 나눠줄 때였는데 내 것도 하나 만들었다. '덕불고 필유린(德不孤 必有隣)' 덕이 있는 사람은 외롭지 않으며 반드시 이웃이 있다는 뜻으로, 남에게 덕을 베풀며 사는 사람은 언젠가는 반드시 세상에서 인정받게 됨을 이르는 말이다. 이 뜻이 너무 좋아 나의 비전문으로 삼았다.

사실 나도 박 대표와 유럽 캠프에 가고 싶었지만, 여건상 갈 수 있는 상황이 아니었다. 그래서 비록 나는 못 가지만 만약 이 비전스톤이 박 대표와 같이 간다면 나도 마치 그곳에 함께 있는 느낌, 에너지를 받지 않을까 하는 생각이 들었다.

생각만 해도 너무 기분이 좋아 바로 박 대표에게 얘기했다. 그러자 박 대표가 흔쾌히 수락했다.

"네, 좋아요. 제가 갈 때마다 이 비전스톤을 갖고 다닐게요. 샘이 원하니 당연히 해드려야죠."

"박 대표 정말 고마워요. 와! 생각만 해도 너무 기분이 좋은데요. 이 비전스톤이 유럽에 간다면 정말 최고일 것 같아요. 가서 인증사진도 부탁해요."

"네, 당연하죠. 제가 찍어서 나중에 다녀오면 보내 드릴게요."

"박 대표, 몸조심 잘 다녀오고 유럽 캠프 성공적으로 마치고 돌아오세요."라고 서로 인사하고 헤어졌다.

그리고 정말 며칠 후 박 대표가 중간중간 스위스, 프랑스 등지에서 인증사진을 카톡으로 보내줬다.

지금 다시 봐도 그때 그 설렘이 다시 느껴진다. 사실 이런 행동은 자연스럽지 않은 행동이다. 어떤 사람은 '아이고! 이게 뭐야.' 할 수도 있다. 하지만 난 우주 파장인이다. 이런 독특한 생각과 행동의 결실을 봤을 때 난 나의 존재감을 느낀다. 현실에서 나를 힘들게 한 어려움을 생각하지 않게 된다. 이것이 바로 우주 파장인만이 하는 행동이다. 당신도 여기에 해당한다. 이 책을 선택했다는 것은 당신도 나와 같은 우주 파장인이라는 뜻이다.

그리고 더 중요한 것은 이번에 박 대표의 권유로 이 책을 쓰게 되었다는 것이다. 잠시 잊고 있었던 나의 꿈을 박 대표가 끄집어내 줬다. 나의 비전문 '덕불고 필유린'은 역시 나의 삶과 연관성이 있나. 낭신노 자신에게 맞는 비전문을 만들어보라. 그리고 혼자 알지 말고 주변에 많이 알리면 알릴수록 자신에게 영향을 줄 것이다. '당신도 우주 파장인 코끼리다.'

당신도 자신에게 맞는 비전문을 만들어보라
그리고 혼자 알지 말고 주변에 많이 알리면 알릴수록
자신에게 영향을 줄 것이다.

비전스톤과 NK cell

비밀(Screat)을 알게 된 지가 12년쯤 되어간다. 독서 모임에서 우연히 본 1시간 30분짜리 영상이 내 인생의 모든 것을 매료시켰다. 눈을 뗄 수 없을 정도로 전율을 느꼈다. 너무 기쁘고 설레어 혼자 감당하기 힘들었다.

당연히 주변 친구들에게 제일 먼저 그 영상을 보여줬지만 다들 냉랭했다. 사실 그 내용을 다 이해하기는 무리가 있다. 전 세계 1%만 알 수 있는 내용이라 어쩌면 당연한 일인지도 모른다. 난 그 영상을 여러 번 반복해서 계속 봤다. 그리고 행동으로 옮겼다.

행동으로 옮긴 결과물이 바로 비전스톤이다. 비밀(Screat) 다큐멘터리 중에 '감사의 돌' 부분이 나오는데 내용은 이렇다.

한 남자가 집안에 일이 있어 그때부터 감사의 돌이라는 상징적인 감사 도구를 만들었다. 남아프리카에서 온 친구가 그 돌을 보고 의미를 물어보기에 감사한 일이 일어나는 감사의 돌이라고 설명을 해줬다. 그리고 2주 후 남아프리카로 간 친구한테서 이메일을 받았다. 내용인즉 자신의 아이가 간염으로 죽어가고 있다고 자신에게 감사의 돌 3개만 보내 달라는 것이다. 그 남자는 그냥 길거리에서 주운 것이며, 근처 돌이 있으면 마음에 드는 돌을 골라 감사의 돌이라 소중하게 생각하면 된다고 말했다. 당연히 남아프리카 남자는 길거리에서 돌을 주워 감사의 돌이라 이름 붙이고, 그것을 3센트씩 팔아 아들의 치료비를 감당할 수 있었다는 내용이다.

　이 내용만 들으면 '사기 아니야? 에이, 그게 말이 될까?' 하겠지만 난 그 영상을 보자마자 근처 바닷가로 갔다. 그리고 정말 아주 동글동글한 돌을 찾아 집에 가져왔다. 그리고 나에게 감사한 일이 생길 때마다 그 돌에 의미부여를 했다. 그리고 주변에서 그 돌이 뭐냐고 물어보면 당연히 그 사람처럼 감사한 일이 일어나게 하는 돌이라고 말했다. 어떤 사람은 나보고 하나 구해달라고 하기도 했다. 그 사람에게 영상에 나온 것처럼 길거리나 바닷가에 가서 정말 마음에 드는 돌을 찾으면 된다고 했다. 감사의 돌에 의미를 부여하는 것은 하찮은 돌이지만 나의 마음으로 통하는 도구로 삼는 행위이다.

　우리는 하루 24시간 동안 늘 똑같이 반복되는 일상이라고 생각하지만 아주 작고 하찮은 상황 속에서도 감사한 일이 많다. 그 감사의 돌이 하는 역할은 감사한 일이라고 여길 수 있는 생각과 행동을 알아차리게 해주는 것이다. 그 돌이 무슨 감사한 일을 만들어줄 수 있겠는가? 하지만 감사하는 마음을 발견하는 시선을 알아차리고 자신도 모르게 어떤 상황에서 작은 일이라도 감사한 마음을 여기는 행동을 말한다. 일상에서 일어나는 상황을 잘 선택해서 감사하는 일로 여기는 능력을 키워주는 훈련이다.

그리고 얼마 되지 않아 감사의 돌에서 한층 더 업그레이드한 것이 비전스톤이다. 돌에 자신의 신념과 비전을 새겨 주변 사람들에게 나눠주는 행동을 하게 됐다. 현재까지 60명 정도 사람들에게 꼭 원하면 한글, 영어, 한자 등 다양한 언어로 표현해서 돌 안에 작품을 만들어주었다. 사람들은 처음에는 신기해하다가 어느 순간 "오! 이쁘다. 멋지다. 나도 갖고 싶다."라고 말하기 시작했다. 그래서 상대가 원하면 만들어 선물로 주기 시작했다.

비전스톤 다음으로 특별하게 만든 돌이 있는데 그 돌은 주변 암 환자 세 분께 만들어 드렸다. 그 돌에 사용한 특별한 단어는 암으로부터 이겨내는 NK cell이다.

사실 이 의미 있는 돌을 생각하게 된 계기가 있다. 큰시누이가 건강검진에서 초기 혈액암이 있다는 것을 알게 되었다. 당연히 집안 분위기는 엄숙하고 우울했다. 형님에게 무슨 말을 해야 할지 말하기가 쉽지 않았다. 그런데 어디서 그런 용기가 생겼는지, 정말 형님에게 꼭 힘과 에너지를 주고 싶어 조심스럽게 이야기를 했다.

"사실, 감사의 돌이라는 게 있는데 제가 형님을 위해 만들고 싶어요." 라며 조심스럽게 말씀을 드렸다. 그런데 형님이 흔쾌히 "올케가 주면 고맙지!" 하는 것이었다. 너무나 뜻밖에 받아주셔서 내가 더 감사했다.

그 감사의 돌에 에너지 있는 글을 쓰고 싶어 암에 대해 이것저것 인터넷에서 검색하다 마침내 NK cell이라는 단어를 찾았다. 딱 맞는 말이다 싶었다. 그래서 정말 내 눈에 특별한 돌을 찾아다녔다. 형님이 꼭 완쾌되기를 마음속 깊이 빌면서 NK cell을 이쁘게 새길 돌을 발견했다. 정말 정성스럽게 마음을 다해 새겼다. 그리고 한 달 후 형님에게 드렸는데 이쁘다고 좋아하셨다. 현재 형님은 완쾌했고 건강관리를 잘하시면서 생활하고 계신다. 그리고 형님이 이사했다고 집들이 갔을 때 주방 옆 선반에 내가 만들어준 비전스톤이 놓여있었다. 5년 만에 다시 보니 너무 반가웠다. 형님이 소중하게 간직해주셔서 정말 감사했다.

또 다른 한 분은 장애가 있는 큰딸을 활동 지원해주는 도우미 선생님이신데 유방암 1기로 활동을 못 하게 됐었다. 그때도 내가 먼저 말씀드렸다.

"감사의 돌이 있는데, 그 돌을 보고 감사의 말을 하면 건강을 낫게 해줍니다. 드릴까요?"
"아, 혜진 엄마가 저번에 보여주신 그 비전스톤이요. 안 그래도 이쁘다고 생각했는데, 혜진 엄마가 저를 위해 만들어주시면 정말 고맙죠."

그분은 절실한 천주교 신자였다. 당연히 신이 도와주시겠지만 내가 해줄 수 있는 것이 그 비전스톤이라 NK cell을 새겨서 병문안 갔을 때 드렸다. 항암치료로 아주 핼쑥해 보이는 모습에 그저 치료 잘 견디시라고 꼭 이겨내시라고 말하며 그 돌을 드리자 정말 기뻐했다. 그분 침대 옆 선반에 바로 보이게 놓아두었다. 그 후 몇 번 통화하면서 그분의 근황을 듣게 되었고 지금은 완쾌되어 열심히 운동하시고 성당에 다니고 있다고 한다. 당연히 그분들의 힘으로 힘든 암을 이겨낸 것이다. 조금의 힘과 에너지가 공유되기를 희망하는 것은 내 마음이고 그분은 내 마음을 받아준 것이다. 그것이 바로 비밀의 핵심이다.

　사람은 감정 속에서 자신의 힘든 상황을 이해한다. 당연히 어려운 환경 속에서도 자신을 믿고 때론 힘들어도 좋은 감정을 유지하는 행동을 한다면 좋은 결과로 자신을 이끌어준다. 누군가에게 글씨, 이미지로 표현해서 작품으로 만들어 줄 수 있는 것이 나의 큰 달란트라 생각한다. 그래서 난 원하면 무조건 나눠드린다. 함께 공유해야 내가 성장한다는 것을 알기 때문이다.

　감사의 돌에서 파생한 비전스톤을 만든 지가 8년이 되었다. 10년이 되면 아마 비전스톤은 나에게 엄청난 에너지로 옮겨줄 것이다. 그래서 기대가 된다. 현재 60명 정도이니 100명은 채워야겠다. 100명과 그런 에너지를 공유한다면 그것은 나에게 좋은 일이 일어나도록 도와주는 현상이 된다.

당연히 그동안 늘 좋은 일만 있을 수 없다. 하지만 나는 버티고 이겨내는 힘에서 더 단단히 키워냈다. 에너지는 좋고 나쁨을 모른다. 그래서 쉽지 않은 감정을 대처하는 것이 중요하다. 이렇게 글로 남기는 것도 내 생각을 정리하고 다시 되짚어보고 미래에 관한 생각과 계획을 남기기 위해서이다. 이 책을 통해 뭔가 영감과 공감 그리고 잔상이 남는다면 바로 짧은 글이라도 써보기를 권장한다. 나도 8년 동안 글을 계속 써왔기에 이 책을 낼 수 있었다. 문장력은 뛰어나지 않지만, 삶에 대한 문장은 남다르다고 생각한다.

혹시 이 책을 보고 NK cell 비전스톤을 원한다면 책 앞 소개란에 있는 나의 메일로 메시지를 남긴 사람 중에서 선정해서 보내줄 것이다. 나와 비슷한 부류의 사람이 있기에 그분들에게 남겨주는 메시지이다.

당연히 그동안 늘 좋은 일만 있을 수 없다.

하지만 나는 버티고 이겨내는 힘에서

더 단단히 키워냈다.

에너지는 좋고 나쁨을 모른다.

그래서 쉽지 않은 감정을 대처하는 것이 중요하다.

초연결사회에서 꿈 키우기

당신이 지금까지 살아오면서 만든 인맥은 무엇으로 형성되었는가? 인맥은 사람과의 관계를 말한다. 과연 좋은 인맥은 있을까? 그렇다면 그런 인맥은 자연스럽게 형성되는 것인가? 피곤하게 내가 노력하고 애써야 하는 문제인가? 우리는 혼자 살아갈 수 없기에 당연히 인간관계는 필수다. 여기에서 중요한 것은 어떠한 사람을 만나는지가 중요한 것이다.

사람마다 각자 고유성이 있다. 성격에서 크게 내향성, 외향성으로 나누어진다. 그럼 내향성인 사람이 서로 다 같을까? 아니다. 내향성 사람을 더 세세히 살펴보면 각자 뇌의 감각에 따라 다 다르다는 것이다. 난 외향성 사람이다. 그렇다고 나서서 말하는 스타일은 아니다. 그러나 내가 좋아하는 예술이나 꿈에 관해서는 누구보다 적극적으로 말과 행동을 취한다. 여기에서 핵심은 각자 원하고 좋아하고 싫어하고 관심 두는 것이 다 다르다는 것이다.

그럼 인간관계는 바로 자신의 감각적 느낌과 행동에서 시작된다는 것이다. 내가 했던 감각적인 행동 중 하나를 이야기할까 한다. 2010년 울산 청년창업 프로젝트 사업 1기로 수료할 때 교육을 담당해주신 남 대표를 알게 되었다. 그 이후 2012년 남 대표 소개로 우연히 글쓰기 모임을 하게 되었다. 글쓰기를 지도해주신 선생님은 《나는 도서관에서 기적을 만났다》를 쓴 김병완 작가님이다.

벌써 13년 전 이야기이다. 글쓰기 모임에서 얻은 경험은 현재 이 책을 쓰게 된 원동력이기도 하다. 13년 동안 여러 가지 경험을 통해 목차와 제목이 다 바뀌었지만, 이 책의 기본 뼈대이기도 하다. 김병완 작가님은 차분하신 성격이지만 글쓰기 구성원들과 서슴없이 잘 지내시고 참 좋으신 분이다. 현재는 엄청나게 책도 많이 내시고 지금까지 많은 분이 책을 낼 수 있도록 서울 강남에서 코칭 센터를 하신다.

김병완 작가님 글쓰기 수업에서 가장 기억에 남는 장면은 '1분 글쓰기'이다. 주제 없이 생각나는 대로 막 쓰는 시간이다. 처음에는 쉽지 않았다. 무슨 글을 어떻게 시작해야 할지 막막했지만 한 단어를 끄집어내서 쓰기 시작하니 나름 여러 가지 문장이 나오기 시작했다. 1분 동안 시간을 재고 글 쓴 내용을 다시 보면 말이 안 맞고 어색했지만, 시간이 지날수록 확실히 글을 쓰는 데 도움은 되었다.

그때 글쓰기 모임의 사람들과 현재까지 인연으로 연락하고 지낸다. 그 인맥으로 더 다양한 사람들을 알게 되었고 현재 내 인맥의 근원이 되었다. 코로나 시국이라 연락해서 만나지는 않아도 각자 SNS 소식으로 안부를 알고 지낸다. 사람을 꼭 만나야 하는 것은 아니다. 글쓰기 모임이 끝날 때 작가님이 부산에서 울산까지 올라와 진심으로 우리 모임에 신경 써주신 점이 너무나 감사해서 내가 도와드릴 수 있는 것이 무엇일까 생각하다 마침 작가님 명함이 없다고 하셔서 만들어드렸다.

현재 책이 나올 수 있었던 것도 그때의 밑거름이 있었기에 가능한 일이다.

내가 살면서 형성한 인맥이 어떻게 만들어졌는지 나에게 다시 묻는다면, 큰딸의 장애로 힘들어하던 시기에 우연히 사크의 책《꿈을 이뤄주는 자기주문법》을 통해 꿈을 알게 되었다. 웹디자이너 일을 하면서 아이디어 글을 쓰는 습관이 생겼고 꿈과 아이디어를 접목했다. 그로 인해 꿈 프로그램을 만들 수 있었고 직접 사람들에게 꿈 강의까지 하게 되었다. 그리고 그 경험을 사람들에게 알리고 싶어 책을 쓰고 싶었고 우연히 라디오에서 나온 울산 청년창업 프로젝트를 통해 글쓰기 모임까지 오게 되었다. 이런 시간이 3년 동안 나의 행동의 결실이었다. 그때 만난 사람들이 현재까지 나의 인맥이다. 여기서 포인트는 내가 간절히 원하면 우연히 기회가 생기고 주저 없이 바로 몸으로 행동하면 그 결과는 당연하다는 것이다.

기회가 생기면
바로 실행하라

내가 간절히 원하면 우연히 기회가 생기고 주저 없이
바로 몸으로 행동하면 그 결과는 당연하다는 것이다.

꿈길에서 스승을 만나다

사람만이 가진 아주 특별한 감각이 있다. 그것을 오감이라고 한다. 시각, 청각, 후각, 미각, 촉각이다. 그래서 사람은 오감으로 보고 듣고 말하고 느끼고 행동한다. 그리고 더 특별한 능력은 바로 통찰력과 직감이다. 사람마다 조금씩 차이는 있지만, 그 능력을 발휘하기 위해 끊임없이 손으로 뭔가 표현하고 자기 나름의 기법을 만들어야 한다.

난 글씨 쓰기를 좋아했다. 친정아버지께 유일하게 칭찬받은 것도 글씨였으니 더 열심히 글씨 연습을 했던 것 같다. 그림과 글씨를 통해 스스로 위로와 힐링을 받았다. 어릴 때 미술대회 입선에서 웹디자이너 그리고 나만의 손글씨까지 온 것이다.

손글씨는 주로 붓으로 쓴다. 8년 전 서각, 손글씨를 하시는 김상진 선생님에게 직접 배웠다. 난 그분을 사부님이라 부른다. 그만큼 글씨에 대한 철학이 남다른 분이다. 손글씨를 배울 때 이런 말씀을 해주셨다.

"글씨는 이쁘게 쓰려고 하면 안 돼요. 그러면 자기만의 글씨가 안 나와요."

"그럼 어떻게 써야 하나요?"

"자신의 필체를 있는 그대로 쓰세요. 그리고 계속 연습하는 수밖에 없어요. 그러다 보면 자기만의 글씨체가 나옵니다."

난 그 말 듣기가 너무 좋았다. 아니 원했던 말이다. 사실 남들의 글씨체를 따라 쓰는 것은 그냥 흉내일 뿐이지 내가 썼다는 보람과 에너지를 느끼지 못한다. 그때는 그 말뜻을 알았지만 그렇다고 글씨가 쉽게 써지진 않았다. 그러나 꾸준한 연습으로 난 나만의 글씨체를 가졌다. 처음에는 선을 그리고 원을 그리고 사선을 그렸다.

글씨는 손의 촉각과 감각으로 뇌 속에 그려진 형태대로 따라 써진다. 그래서 감각 훈련을 연습할수록 자신만의 서체가 구체적으로 나오는 것이다. 2014년부터 현재까지 꾸준히 나만의 글씨체를 연습하는 중이고 그 글씨체로 여러 가지 작품을 만들어 나누어 주고 있다.

그리고 사람들은 내 글씨체에서 뭔가 힘이 느껴지고 에너지가 느껴진다고 알아보기 시작했다. 다 김상진 사부님 덕분이며 드디어 로고와 캘리의 만남이 시작되었다.

글씨를 배우는 중 김상진 사부님께서 나중에 꼭 쓸 일이 있으니 낙관을 직접 파보라고 하셨다. 혹시나 해서 그때 만들어 둔 것을 지금도 잘 사용하게 될 줄 몰랐다.

내 낙관에 새긴 글은 미라클이다. 두 가지의 의미가 있다.

첫 번째는 미라가 더 큰다는 뜻으로 지금보다 훨씬 더 성장하라는 의미다. 두 번째는 미라클(Miracle), 기적이라는 뜻이다. 그 의미에 정말 감사해서 난 美羅클 글자를 집중해서 열심히 새겼다. 벌써 12년 전 일이다.

무엇이든 행하면 현실로 이루어진다는 것이 꿈인 것 같다. 솔직히 이렇게 책을 쓰고 있는 내 모습도 꿈만 같은 일이다.

그때 김상진 사부님 말씀이 떠오른다.

"나는 왜 생각하는가?"

자신이 생각하는 이유는 나의 존재를 알리기 위함일 것이다. 꼭 유명해지고 명성을 말하는 것이 아니다. 생각은 살아서 의식하고 깨우치는 것 그것이 생각이다. 오히려 복잡한 것을 단순하게, 평범한 것을 십오하게, 화난 것을 기쁘게, 힘든 것을 쉽게 여기는 행위가 바로 생각하는 이유이다. 생각의 뿌리는 자신의 깊은 무의식에서 시작한다. 그 무의식은 합심, 공감, 소통, 인정, 신성함, 고요함이다. 그러므로 자신이 원하는 당신의 상을 그리며 생각하는 힘을 잘 활용하기를 원한다.

사람은 오감으로 보고 듣고 말하고 느끼고 행동한다.

사람마다 조금씩 차이는 있지만, 그 능력을 발휘하기 위해

끊임없이 손으로 뭔가 표현하고 자기 나름의 기법을 만들어야 한다.

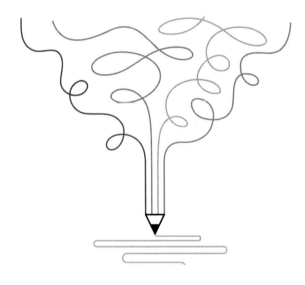

누군가의 손길이 되어줄 때

자신이 현재 만나고 있는 사람들은 그냥 스쳐 지나가는 사람이 아니다. 다 뜻이 있고 의미가 있다. 그래서 사람 관계에서는 함부로 대하면 안 된다.

3년 전 일이다. 2012년 김병완 작가 글쓰기 모임에서 만난 친구에게서 전화가 왔다. 그 친구는 현재 모 공원묘원 이사장이 되었다.

"미라야! 나 로고 하나 만들어 줄 수 있니!"

"응, 필요하면 만들어줄게. 어떤 로고가 필요한데?"

"응, 온라인, 오프라인 땅에 관련된 프로그램 회사를 만들려고 하는데, 로고명은 명당으로 부탁해."

전화를 끊고 그때부터 명당에 관련된 검색을 시작했다. 당연히 명당 글씨는 붓으로 쓰면 되지만 로고는 뭔가 특별해야 하지 않을까 생각했다. 그래서 명당 단어부터 검색하니 옛 명당 터에 관련된 그림을 찾을 수 있었다. 그래서 몇십 개 되는 명당 터 중에서 제일 눈길이 가는 터를 선택해서 로고 작업을 했다. 로고를 제작할 때는 그냥 상상해서 만드는 것보다 서로 다른 형상을 조합 또는 짜깁기하는 것을 선호한다. 상상은 공상에서부터 시작한다. 그래서 맨땅에 헤딩보다는 모방에서 시작하면 훨씬 더 창의적으로 접근할 수 있다. 창의적인 꿈은 5장에서 다룰 것이다.

명당 붓글씨와 로고를 완성한 후 일러스트로 작업해서 이미지를 친구에게 보여줬다. 그리고 약간의 수정 후 그 로고를 디자인실용신안으로 등록했다. 제작하는 데 그리 시간은 오래 걸리지 않았다. 내 로고는 나의 직감과 느낌에 따라 완성하기에 시간을 많이 할애하면 오히려 작업이 잘되지 않는다. 디자인의 완성도를 따지면 미흡할 수 있지만, 내 작품들은 최대한 주문한 사람의 상황과 느낌 그리고 에너지로 작품을 완성한다.

오히려 사람들은 그것을 더 좋아했다. 처음에는 완성에 치우치다 보니 느낌이 나지 않았다. 그래서 내 마음대로 생각대로 느낌대로 작업을 진행하니 감각적이고 개성 있는 로고가 나오게 되었다. 최종 로고가 나오니 친구도 마음에 들어 고맙다면서 기뻐하는 목소리가 들떠 보였다. 난 그것으로 만족한다.

처음 이 친구에게 로고를 만들어 준 것은 2013년에 모 공원묘원 로고다. 바탕에 색을 깔고 이곳에 편하게 모신다는 뜻으로 모실 시(侍) 자를 써서 직인처럼 보이게 했다. 울산에서 오랜 전통 있는 대표공원 묘지다. 그 로고를 아직도 사용하고 있는 친구에게 감사하다는 말을 남기고 싶다.

이름이 어떻게 불리고 표현되는가에 따라 그 사람의 가치도 좌우된다. 로고도 마찬가지라 생각한다. 그 대신 로고의 생명력은 사용하는 사람이 어떻게 다루고 표현하느냐에 따라 달라진다. 오래 쓸수록 빛이 나는 로고를 만들기 위해 나 또한 계속 노력할 것이다.

명당과 모 공원묘원 로고를 제작하면서 생각해보았다. 어차피 사람은 죽는다. 그렇다면 죽기 전 내 삶에 아쉬운 부분이 있었나 떠올릴 것이다. 하지만 내가 죽을 각오로 하루하루 내 삶을 소중하게 생각한다면 나에게 던지는 질문은 달라진다. 난 과연 '무엇을 원하고 무엇을 하고 싶은지'를 곰곰이 생각하게 된다.

난 과연 '무엇을 원하고 무엇을 하고 싶은지'를
곰곰이 생각하게 된다.

친구의 꿈멘토가 되다

우리는 힘들 때 누군가에게 이야기하고 싶어 한다. 종교, 상담 또는 친구를 통해 자신의 고민을 해소하려 한다. 아니면 자신과의 대화에서 용기를 얻고 실천할 때도 있다. 사람은 누구나 자신에게 처한 상황에 대해 고민과 두려움이 있다. 과거, 현재, 미래를 살아가면서 결과가 눈에 보이지 않으면 생각 속에 자신을 가두는 경향이 있다. 이때 속 시원하게 누군가 해결점을 제시해주면 좋겠지만, 그것은 스스로 자신이 풀어야 하는 인생 과제이다. 그러나 살아가면서 우연한 결과를 볼 때도 있다. 나는 이 이야기를 해보려고 한다.

나에게는 30년 지기이자 꿈꾸는 정원 회원인 김진희라는 친구가 있다. 이 친구는 자신의 결핍에 대해 생각하고 그 문제를 해결하기 위해 자신에 삶을 늘 적극적으로 살아온 친구다. 그래서 회원 중 월등히 잘 이해하고 실천한 친구다.

그 친구와는 한번 통화하면 기본 1시간 이상 전화를 붙들게 된다. 아무래도 말도 잘 통하고 관심사도 비슷하다 보니 이야기가 끊기지 않고 술술 잘 풀린다. 그러다 보니 이 친구에게 나의 꿈에 대한 과정을 많이 말해주었다. 그리고 내 말을 잘 이해해주고 내가 실천하면서 변하는 모습을 보며 같이 변하는 친구를 지켜보았다. 친구 사이에 자존심이라는 게 있을 법한데, "나도 요즘 이것저것 많이 배우고 있는데 어느 강사가 얘기한 내용이 네가 한 말이랑 같았어."라고 자주 나에게 말했다. 난 그럴 때마다 기쁨과 희열을 느꼈다. 그 친구가 그런 말을 통해 나를 인정해준 것 같았다. 그리고 마침내 나에게 이런 말을 했다.

"너는 나의 멘토야."

사실 오랜 친구 사이에 이런 말을 하기가 쉽지는 않다. 난 오히려 그 친구에게,

"아니야, 네가 내 말을 잘 이해해주고 함께해줘서 고마워!"

라고 했다. 살아가면서 제일 가까운 사람에게 그런 말을 듣는다는 건 너무 행복하고 기분 좋은 일이다. 그래서 더 그 친구에게 마음이 가고 하나라도 더 해주고 싶다. 작품을 만들면 제일 먼저 이 친구에게 보여주고 피드백을 받는다. 그래서인지 그 친구의 디자인 감각도 높아졌다. 꿈에 관련된 글과 내용도 마찬가지다. 자신 주변에 어떤 사람이 있느냐, 나와 어떤 것을 공유하느냐에 따라 서로 나눠 갖는 에너지가 다르다.

어느 날 그 친구가 급히 나에게 전화했다.

"미라야, 나 부탁이 있는데 글씨 하나만 써줘."
"무슨 내용인데, 어디 쓸려고?"
"나 며칠 전부터 부동산에 집을 내놓았는데 집이 나가지 않아 불안해. 빨리 팔아야 하는데…. 네 붓글씨로 한 장 써줘!"
"정말 원하면 써줄까?"
하니 꼭 써달라고 했다. 대화 내용만 봤을 때 무슨 말인가 하겠지만, 그 친구와 나는 무슨 말인지 알기에 금방 이해하고 행동으로 옮겼다.

"잠시만…. 준비 좀 하고."

먹물과 붓 그리고 A4용지를 책상 위에 세팅했다. 그리고 핸드폰 소리는 스피커폰으로 전환하고 책상에 앉아 불러 보라고 했다. 이런 과정이 시크릿(내가 원하고 절실한 상황에 된다는 긍정적 생각과 행동을 일치시킨다) 과정이다. 친구가 말했다.

"구미시…. 몇 평 매매가 1억…. 2018년 8월 며칠 매매되다." 확정형으로 문구를 붓글씨로 작성해서 이미지 파일로 만들어 그 친구 카톡으로 전송했다. 그리고 그 친구는 받자마자 프린트해서 어디서든 잘 보이도록 거실 벽면에 붙였다. 그리고 얼마 후 전화가 왔다.

"미라야, 그 집 팔렸다. 고마워! 조만간 울산 가면 밥 살게."

"오, 진짜? 알았어."

이런 대화는 흔한 대화가 아니다. 이 친구와 꿈, 시크릿 대화를 나눈 것이 몇 해가 된다. 그래서 서로 '아' 하면 '어' 할 정도가 됐다. 그리고 이런 과정을 통해 우리는 좋은 결과를 많이 경험하게 되었다. 가끔 친구 주변인에게 좋은 글귀나 축하 문구가 필요할 때도 부탁하면 나는 바로 써준다.

믿는 대로 이루어진다는 말을 들어봤을 것이다. 우리도 마찬가지로 어떠한 상황에도 부정적인 과정보다는 되는 방향, 긍정적인 상황으로 이끌기 위해 서로가 합심하는 과정을 터득하게 되었다. 그렇다고 모든 것이 다 그렇다는 것은 아니다. 사람의 일인데 어떻게 다 잘 될 수가 있나. 하지만 중요한 것은 결과보다 과정에 충실하고 집중하고 더 나아가 잘되기를 바라고 희망하는 마음이다. 이런 과정을 통해 우리는 스스로 터득하고 배우는 것이다. 내가 무엇을 원하는지 그 과정에서 내 마음 상태는 어떤지 주변에 도움과 협력은 어떠한지 그리고 그 결과에 대한 자세를 점검해보는 것이 중요하다.

내가 무엇을 원하는지 그 과정에서
내 마음 상태는 어떤지 주변에 도움과 협력은 어떠한지
그리고 그 결과에 대한 자세를 점검해보는 것이 중요하다.

꿈을 이루고 나누다

사람은 살기 위해서 일한다. 자신의 사업체를 꾸려서 대표의 가치를 누리는 경우가 있고 어느 회사에 속해서 노동자의 가치로 누리는 경우가 있다. 또는 혼자 자신만의 가치를 활용한 프리랜서로 활동하는 경우가 있다. 난 잠시 경리, 웹디자이너로서 어딘가에 소속된 노동자로 일해봤지만, 지금은 프리랜서 강사로 활동하고 있다. 자기 적성에 맞게 직업을 찾아가게 된다. 각자의 역할에 따라 고충은 다 다를 것이다. 대표는 회사의 총책임자로 무게감이 크고 노동자는 자신의 근무 조건과 정당한 대우를 당연히 받고 싶은 건 이치이다. 그래서 각자 상황에 따라 생각과 행동이 달라지는 것 같다.

나에겐 절친이 있다. 이 친구의 남편은 처음에 특수용접기술을 배워 노동자로 생활했다. 늦은 시간까지 일해도 월급은 그리 넉넉하지 않았다. 그 친구 부부는 신혼 때 살림살이가 넉넉하지 못했지만 둘이 열심히 일했다. 그리고 몇 년 후 친구 남편은 특수용접을 배운 기술로 사업체를 꾸리게 되었다. 처음에는 실수도 하고 배워가는 과정이라 직원들 월급 주고 나면 남는 게 없어 생활비를 못 준 적도 많았다고 했다. 다행히 친구는 아파트 관리사무소에 경리로 오래 근무해서 이 세계에서 인정받는 경리이다. 이 친구도 마찬가지로 꿈꾸는 정원 회원이었다. 내가 옆에서 지켜볼 때 어려운 상황에서도 늘 자신과의 대화를 많이 하고 싫은 소리를 하지 않는 친구다. 그럴 때마다 난 속으로 인내심이 참 대단하다고 생각했다. 어쩌다 통화하게 되면 항상 긍정적인 대화로 이어지고 잘 통하는 친구였다. 어느 날 이 친구한테서 전화가 왔다.

"미라야! 나 부탁이 있는데 우리 남편 회사 로고 하나 만들어 줄 수 있나!"

망설임 없이 "어, 누구 부탁인데 해줘야지. 그런데 남편분도 원하나?" 했더니,

"어. 남편이 부탁해서 너한테 얘기하는 거야. 우리 남편도 시크릿 영상 10번 넘게 봤어."

"진짜? 10번이나? 와~ 너희 남편도 대단하다. 그 영상 다 보려면 힘들 텐데…. 바쁜데 언제 봤대…."

사실 그 영상은 1시간 30분짜리라 퇴근 후 보기에는 쉽지 않다. 친구 남편은 사장이지만 직원보다 일찍 출근하고 늦게 퇴근하는 사람이다. 그런 사람이 밤늦게 집에 와서 그 영상을 봤다고 하니 난 놀랐다. 친구 남편은 보기와 다르게 같은 에너지를 가진 사람이구나 잠시 생각

했다. 통화를 마친 후 친구 남편 회사 로고를 생각해보았다. 종이에 스케치하기 시작했다. J&T 글자를 계속 스케치하면서 쭉 그려나갔다. 영어와 한자 그리고 형상이 복합된 로고를 완성했다.

글자의 조합이 두 사람이 서로 기댄 형상으로 보이게끔 만들어 함께 성장한다는 의미를 담았다. 이것을 완성하고 보니 너무 기분이 좋아 설레고 들떴다. 예술가에게는 자기만족이 있다. 나 또한 꿈 예술가로서 완성된 그림을 보니 희열감을 느꼈다. 그리고 친구한테 카톡으로 이미지와 로고에 대한 설명까지 보냈다. 친구는 로고를 본 남편이 이렇게 얘기했다고 한다.

"미라 씨 대단하다. 어떻게 이런 생각을 그림으로 표현하지?"

그림을 보니 영어(jt), 한자(빛 광)가 들어가고 사람이 서로 기대는 모습으로도 보여 신기하다고 했다. 그리고 정말 감사하다고 전해달라는 것이다. 난 친구에게 말했다.

"성호 씨 회사 대박 나라고 해! 뭐 열심히 일하니 복 받으시겠지만, 엄청나게 잘되기를 바란다고 전해줘."

함께 성장하고 사람과 사람이 서로 기대는 모습처럼 따뜻한 회사가 되라는 의미와 빛처럼 일어나라는 뜻이 내포된 로고다.

친구 남편은 한동안 내 로고를 회사명함에 새기고 사용했다. 난 그것으로 만족한다. 당연히 잘되는 것은 그 사람의 노력과 운에 달렸다. 단지 그 에너지를 서로 알고 공유하고 함께했다는 것에 의의를 둬야 한다. 꿈을 향한 과정을 함께 바라보아야 서로에게 에너지가 연결된다. 그 에너지 파장을 불러일으키는 것은 주변 사람의 영향이다. 혼자의 에너지는 고요하다. 그 파장은 다른 사람이 있어야만 일어난다.

그래서 자신의 감정이 중요하다. 혼자보다 여럿이 함께 있을 때 감정적 소모가 크다. 나쁜 감정은 누군가의 비교 또는 시선에 의해 발생한다. 그렇지만 한편으로 사람들과 함께 있을 때 기쁨과 즐거움 그리고 설렘 같은 좋은 감정이 생긴다. 그래서 나 혼자 잘 해결한다고 좋은 감정만 생기는 것은 아니다. 에너지는 좋은 감정, 나쁜 감정을 모른다. 단지 내가 생각하는 그 부분만 집중하기에 어디에서 무엇을 생각하는지 중요하다.

예를 들어 빚 통지서만 보면 빚만 늘어나는 것처럼 내가 원하고 바라는 것에 집중해야 한다. 그럼 곧 좋은 일이 생긴다. 현재 그 친구의 남편은 회사가 승승장구하더니 땅을 사서 자기 공장을 지었다. 당연히 친구와 그 남편 노력의 대가이다. 그러나 그 전에 쓰디쓴 실패도 있었다. 그 실패를 딛고 일어서는 과정에서 주변 사람들조차 모를 정도로 묵묵히 자신의 어려운 문제를 해결했다. 그것은 자기 내면을 다지고 다시 일어설 수 있도록 그 일에만 집중했다는 것이다.

사람들은 실패하면 좌절하고 남 탓부터 하거나 자신을 비난한다. 친구의 남편은 잠시 실패의 맛을 느꼈겠지만, 다시 일어설 수 있는 방향만 생각했다. 스스로 포기하면 아무도 일으켜 주지 않는다. 난 그 사실을 뒤늦게 알았고 그 친구 부부가 참 슬기롭게 잘 이겨냈구나! 내면의 힘이 강한 친구라는 것을 다시 한번 느끼게 되었다.

자신이 내뱉는 말은 자신에게 돌아온다. 그래서 말의 힘이 중요하다. 생각하는 힘도 중요하지만, 하루 동안 자신이 말하는 단어들을 적어보면 자기 생각이 긍정적인지 부정적인지 판단이 될 것이다. 지금 볼펜이 있다면 오늘 자신이 쓴 단어를 메모해보는 것도 좋겠다.

에너지는 좋은 감정, 나쁜 감정을 모른다.
단지 내가 생각하는 그 부분만 집중하기에
어디에서 무엇을 생각하는지가 중요하다.

대구 서문시장

가족이라고 서로 잘 아는 것은 아니다. 가장 가깝지만, 오히려 자세히 모를 수 있는 관계가 가족이 아닐까 생각한다. 그러나 힘들 때 헤아려주고 안아주는 것 또한 가족이다. 그래서 꿈은 가족이다. 왜냐하면 살아가는 데 가장 중요한 쉼터이기 때문이다.

나의 시댁은 대구다. 그리고 아버님을 비롯한 아주버님까지 대구 서문시장에서 장사하셨다. 남편 집안 자체는 성실 근면하여 남에게 해를 전혀 끼치지 않는 분들이다. 그래서 때론 답답할 정도로 한길만 걷는다. 아버님은 어물전을 하셨고 아주버님은 커튼 장사를 하신다. 아주버님은 젊은 나이 때부터 이 일을 하셨다. 단골이 많이 계시지만 요즘 장사하기는 어려운 상황이라 쉽지는 않은 것 같다. 10년 전 대구 서문시장 2 상가에서 큰불이 난 적이 있다. 바로 아주버님 가게가 있는 곳이었다. 하루아침에 2평짜리지만 몇 억이나 되는 터를 잃어버렸다. 그것도 새로 가게를 운영하려 빚내고 대출받아 자신의 터를 막 꾸린 지 얼마 되지도 않았는데 이런 일이 생긴 것이다.

　시댁 분위기는 어둠으로 자욱했다. 식구들이 뭐라 표현하기도 어렵고 힘든 상황이었다. 그러나 사람들은 살려면 죽지 않는다. 다행히 근처 롯데마트가 비어있어 그곳에서 임시로 몇 년 동안 터를 잡기 시작했다. 시설도 제대로 갖추지 않아 많은 어려움과 번거로움이 있었지만 꿋꿋하게 잘 이겨내셨다.

　사실 난 시댁에서는 조용한 막내며느리다. 가끔 조카들하고 꿈에 관해 이야기를 나누지만, 시댁 어른들에게는 잘 표현하지 않는다. 그리고 집안 분위기 자체도 그런 대화가 전혀 통하지 않기에 굳이 나를 표현하지는 않는다. 가끔 형님들(시누이들)이 '일은 잘되어 가나, 아직도 일하나, 힘들지 않아?' 묻는 정도다. 그리고 '(장애가 있는) 큰애 데리고 일한다고 고생이 많다.' 정도로 물어보신다. 그래도 큰형님과는 NK 비전스톤을 드린 뒤로 깊은 대화를 나누곤 한다.

　여하튼 시댁에 가면 난 아주 조용한 사람이 된다. 시집온 지 벌써 23년이 되어가는데도 시댁 식구에게 해드린 게 별로 없다. 그래서 내가 가진 능력을 조금이나마 드리고 싶었지만, 선뜻 말하기는 쉽지 않았다. 시댁에서 나에 대한 인식이 있기에 드러내는 것은 어려운 일이다. 그러던 중 나는 용기를 내어 형님이 계시는 서문시장에 갔다. 2층 코너 태광 커튼 간판이 보였다. 형님이 나를 보시더니,

"자네 왔나! 차 한 잔 시켜줄까?"

"아니요. 괜찮아요."

"더운데 차 한잔해."

"그럼 아메리카노 주세요."

형님과 나는 12살 차이 띠동갑이다. 형님도 누구를 구속하는 것을 싫어하셔서 나에게 불만이나 뭐 하라고 부탁을 하신 적이 없으셨다. 나 또한 형님을 편하게 대하지는 못하고 있지만 서로 존중하는 마음은 큰 것 같다. 그래서 형님에게 더 감사하고 고마운 마음이 든다.

"형님, 제가 그전부터 명함을 만들어주고 싶었는데… 형님이 사용하시는 명함이 있으셔서 어떨지 싶어 말을 못 했어요. 간단히 로고도 그려서 명함 만들어드리고 싶은데 괜찮을까요?"

"자네가 해주면 고맙지만 뭐 하려고. 우리는 쓰던 거 쓰면 된다."

내가 다시 말했다.

"네. 그런데 명함은 뭔가 특색이 있으면 좋을 것 같아요. 특별한 분만 오시면 제 것 주세요."

형님이 말씀하셨다.

"자네가 그렇다면 그럼 만들어줄래?"

난 기쁜 마음으로 "네, 그럼 만들어서 이미지 보여드릴게요."라고 힘차게 말했다.

그리고 난 며칠 후 로고를 완성하고 명함까지 제작했다.

클 태, 빛 광으로 황금 복주머니 안에 글자를 넣었다. 항상 복이 있고 황금처럼 돈이 많이 들어오고 사업이 더 번창해서 빛처럼 일어나라는 의미다. 당연히 아주버님은 사람이 좋으셔서 늘 주변에 사람이 많으시다.

그래도 하시는 일에 의미를 부여해주고 싶어서 로고를 만들어 드렸다. 우리는 생각이 형상을 만들고 결과를 눈으로 확인할 수 있다. 그것은 사람만이 할 수 있는 고유의 능력이다. 그런데 죽을 때까지 그 능력을 발휘하지 못 하고 자신의 가치를 발견하지 못 하는 경우가 많다. 내가 어떠한 사람이든 환경이든 중요하지 않다. 삶에 대한 의미부여와 가치를 알아가는 것이 매우 중요하다.

서문시장 내 수많은 커튼 가게 중에서 존재를 드러내는 작업이 필요했다. 그래서 황금 복주머니 속에 글씨를 넣어 더 크고 빛나는 상호라는 것을 고객이 인식할 수 있게 했다. 그런 차원에서 명함을 제작하게 되었다고 형님과 아주버님에게 설명해드렸다.

두 분은 지금도 장사를 잘하고 계신다. 어려운 상황 속에서도 잘 이겨내시면서 부모님 봉양까지 꿋꿋이 맏이 역할을 훌륭하게 하고 계신다. 형님 내외분께 더 행복하고 좋은 일이 많이 생겼으면 하는 바람이다.

삶에 부여한
의미와 가치

내가 어떠한 사람이든 환경이든 중요하지 않다.

삶에 대한 의미부여와 가치를 알아가는 것이 매우 중요하다.

자신의 춤범은 어디에서 시작할까?
삶을 살아가는데
좋은 상황이든 나쁜상황이든
늘 놓여 있고 부탁한다.
그럴때 아다
자신을 먼저 냉각하고 집중한다
그 집중은 바로
자신의 중모이다.

제5장

달팽이가 코끼리를 옮기다

Renize

반응은 내 가슴을 뛰게 한다

"무엇이 나를 움직이게 하는가?"

간단히 말하자면 우리는 생각과 느낌으로 움직이게 된다. 그렇다면 그 생각과 느낌은 어떠한 마음 상태일까? 결론은 우리는 감정에 따라 생각한다는 것이다. 그 감정을 통해 자신을 자유롭게 할 수도 있고 스스로 구속당하게 할 수도 있다. 그럼 다시 한번 더 물어보겠다.

"무엇이 당신을 움직이게 하는가?"

배가 고파서, 화장실을 가고 싶어서, 무서워서 아니면 두근두근 설레게 하는 사람을 만나고 싶어서 등 지극히 기본적인 생리 욕구에는 반응이 아주 자연스럽게 일어난다.

그렇다면 반응의 사전적 의미는 무엇일까? '자극이나 작용을 받아 어떤 현상이 일어나는 일, 요인에 대하여 어떤 변화나 움직임이 일어나다.'라는 의미이다. 말 그대로 자신의 오감에 따라 뇌로 전달되고 몸을 움직이게 한다. 여기에서 아주 중요한 핵심이 나왔다. 작용이다. 우리는 어떠한 상황에서 작용을 받게 된다.

그럼 다시 작용의 의미는 무엇일까? '어떤 현상이나 운동을 일으킴. 사물이나 사람에 변화를 가져다주거나 영향을 미침.' 마치 자연이 태양에 빛의 작용으로 식물이 성장하듯 사람도 마찬가지로 사물과 사람에 의해 작용한다. 그것이 바로 반응이다. 이 책의 핵심이 '원하면 반응해라'이다.

"당신이 진정으로 바라는 것은 무엇인가?"
"당신은 정말 어떤 일을 하고 싶은 사람인가?"
"무엇을 원하는가?"
"나를 위해 어떠한 사람이 되고 싶은가?"

이 문장을 읽고 또 읽고 자신에게 접목해서 아주 간단히 지금 써주기를 바란다. 물론 다 채울 필요는 없다. 지금 이 문장은 당신에게 작용을 일으키는 반응일 뿐이다. 각자의 반응 속도는 다 다르다. 그것은 당연한 이치이다. 사람마다 받아들이는 속도가 다르기에 삶 자체가 다양한 것이다. 지금부터는 반응을 통해 자신을 움직이게 한다는 것을 명심해야 한다. 지금 배가 고프면 잠시 읽던 책을 멈추고 밥을 먹으면 된다. 음악을 듣고 싶으면 책을 덮고 음악에 삼매경에 빠져도 좋다. 행동 하나하나에 크게 신경 쓸 필요가 없다. 당신이 원하는 상황을 스스로 끌고 만드는 것이 중요하다.

예를 들어 직장생활에서 상사에게 구박당할 때 당신은 어떤 상태인가? 바로 감정이입이 되어 스트레스가 쌓이고 눈을 어디 둬야 할지 모를 정도로 화가 치밀어 오를 것이다. 이때 당신의 머릿속에서 당신의 모습을 생각해라! 그리고 스스로 말을 걸어야 한다. '한미라 너 진짜 잘 견디고 있어. 이 상황에서 곧 벗어난다.' 그리고 상황이 종료되면 순간 짧게 할 수 있는 자신이 좋아하는 상태로 들어간다. 예를 들어 음악 듣기, 내가 좋아하는 물건 검색하기, 낙서하기, 차 마시기, 창밖으로 지나가는 사람 멍하게 쳐다보기 등등 2~5분 정도 아주 짧게 나를 위한 시간을 가져라.

사람과 사람은 감정 충돌로 인해 좋고 나쁜 관계가 형성된다. 당연히 서로 같은 부류의 사람이 만나게 되면 금상첨화이기는 하지만 항상 나와 같은 사람을 만나기는 쉽지 않다. 그렇다고 회피한다면 사회생활에서 나로 존재하기는 어렵다. 그래서 스스로 자신을 망각시키고 힘들게 하는 경우가 많다. 나 자신은 내가 보살펴야 한다. 그 누구도 알아주지도 않는다. 여기에서 다시 반응에 관해 이야기한다면 자신의 감정 상태에 따라 반응은 눈빛, 몸짓, 손짓, 발끝에서 시작된다. 당신의 움직임을 곧 당신의 기분을 좌우하게 된다.

인간은 자연의 사계절에서 반응을 잘 일으킨다. 봄, 여름, 가을, 겨울 사계절에서 온도와 소리, 색감에 따라 시각, 청각, 촉각으로 자신의 마음과 행동으로 옮긴다. 여기에서 우리는 중요한 핵심을 찾을 수 있다. 바로 온도, 소리, 색감이다. 인간에게 필요한 3요소는 적절한 온도, 나를 즐겁게 해주는 소리, 나를 표현해주는 색감으로 자신에게 반응을 작용한다. 만약 지금 아무것도 하고 싶지 않거나 움직이고 싶지 않거나 원하는 것이 없다면 3가지 방법을 적용해 봐라

온도는 사우나, 찜질방, 시원한 음료, 따뜻한 차, 상쾌한 대나무숲, 울창한 산속, 아니면 이불속에 들어가만 있어도 좋다. 소리는 드넓은 들판, 깊은 파도가 치는 바닷가, 잔잔한 호수 바라보기, 시끄러운 노래방, 농구장, 테니스장, 시끄러운 술집, 시내 번화가, 시장, 마트, 영화관에서 실컷 청각을 힐링한다. 색감으로는 옷 쇼핑, 액세서리 구매하기, 내가 좋아하는 색깔의 폰 케이스 장만하기, 이쁜 편지지 사기, 수첩 장만하기, 양말 사기, 머리 염색하기, 신발 바꾸기 등 3가지 요소를 통해 자신이 들고 다니기 편한 소모품만으로도 변화를 주는 것이고 반응이 시작된다.

이런 과정들을 반복하고 이어가면 어느 순간 당신은 가고 싶고 원하고 하고 싶은 것들이 하나둘 생기게 된다. 원하는 것이 꼭 큰 것을 말하는 것은 아니다. 아주 사소한 것부터 관심을 가지게 되면 결국 자기 생각을 더 확장해주고 다양한 것을 생각할 수 있도록 이끌어준다. 그래서 자기 세계를 탐험할 수 있는 꿈 탐험가가 되기를 희망한다. 오로

지 자기 세계를 만들 수 있는 사람은 당신 자신뿐이다.

그렇다면 꿈이란 무엇일까? 나만의 꿈에 대한 정의를 내려봤다.

Dream? 매일 다시 깨어나며 감동이 끌리는 대로 작은 움직임이다
(DreamSark).

Daily 매일, 나날의
Rewake 다시 깨어나다(한 줄의 깨달음)
Emotion 감동, 감격(놀라운 의식혁명-자기성찰)
Action 행동(끌리는 대로 표현하기)
Micro movement 작은 움직임(5초, 5분 연속성)

당신의 꿈을 적을 수 있다면 반은 실행이 됐다. 이제부터 자신이 원하는 것에 관심과 집중을 해준다면 어느 순간 당신의 반응에 직면하게 된다. 그리고 고민하지 말고 바로 5초, 5분의 작은 움직임이라도 행동하기를 바란다. 그것이 모이는 순간 바로 당신이 원하는 것을 찾고 발견하게 된다. 그것은 당신의 심장을 뛰게 할 것이다.

Dream?
매일 다시 깨어나며 감동이 끌리는 대로 작은 움직임이다.
—DreamSark

자기혁명
자기실현
자기발견

꿈 의식성장론 7단계

자아혁명(깨우친다): 나는 깨우치고 스스로 또 깨우쳐야 한다.

자아실현(알린다, 말한다): 능력과 개성, 선한 에너지를 완성하다.

자아발견(기록한다, 느낀다, 듣는다, 본다): 나는 누구인가?

작은 움직임의 비밀
(small movement secret)

　달팽이가 기어가는 모습을 보다가 도대체 달팽이는 어디로 향하는 것일까? 목적지가 있을까? 그리고 정말 이동은 할 수 있을까? 그런 궁금증이 생겼다.

　우리는 느림에 대해 관대하지 않다. 느리다는 것을 게으르고 뭔가 부족하고 비활동적인 사람으로 본다. 특히 한국 사람은 뭐든 빨리 움직이고 눈에 띄게 활동적이어야 결과가 잘 나온다고 인식한다. 그래서 어릴 때부터 늦잠 자거나 지각하거나 늦게 행동하는 것에 부정적인 생각을 하고 있다.

　만약 당신이 행동이 느린 사람이라면 더더욱 자신을 과소평가하는 경우가 많다. 그렇지 않은가? 나 또한 어릴 때 느린 사람이라 뭐든 행동이 더디고 부족한 아이라 생각하고 성장했다. 그러다 보니 자존감이 낮을 수밖에 없고 소극적인 사람으로 생활하게 되었다. 사람마다 성향은 다르다. 그러나 똑같은 기준으로 바라본다면 기준에 못 미치는 사람은 항상 도태되는 사람으로 스스로 인정하는 꼴이 된다. 그래서 자신을 할 수 없는 사람이라 스스로 틀에 가두어 버린 게 된다. 이것이 자신에 대한 인정이다. 그 인정에서부터 이제는 깨어 나와야 한다.

앞에서 느림의 행동에 대해 비관적으로 이야기했다. 자! 그렇다면 다르게 작은 움직임의 놀라운 비밀에 관해 이야기를 풀어볼까 한다. 느림을 시간에서 최소 단위로 표현하겠다.

사자성어에 '수적석천(水滴石穿)'이라는 말이 있다. 물방울이 모여 돌을 뚫는다는 뜻으로, 꾸준히 노력하면 큰일을 이룰 수 있음을 이르는 말이다. '물방울이 결국 바위를 뚫는다.' 다른 것 같지만 작은 움직임들이 모이다 보면 더 큰 꿈을 이룰 수 있다는 말로 표현할 수 있다. 결국, 결과까지는 느리겠지만 계속 관심을 가지고 높은 자존감으로 이어가는 것이 중요하다는 의미이다. 요즘 같은 코로나 상황에서 버티고 끌고 가는 게 어렵기는 하지만 난 낭신에게 이렇게 주문하고 싶다. 시간을 최소 단위로 사용하자는 것이다.

나의 꿈 멘토 사크는 이렇게 얘기했다. '5초 5분에도 꿈을 이룰 수 있는 충분한 시간'이라고 한다. 난 그 말에 전적으로 동의한다. 그럼 어떻게 5초 5분 만에 꿈을 이룰 수 있는지 의문점이 들게 된다. 수적석천(水滴石穿)처럼 짧은 시간에 자신이 관심 있는 사람, 사물, 일에 집중하는 시간을 생각하며 의식적인 행동을 해야 한다.

예를 들어 영어를 잘하고 싶은 꿈이 목표라면 하루에 단어 하나씩만

외우는 것이다. 하루에 1개이지만 1년이면 365개 단어를 외우게 된다. 그럼 1년에서 3년, 5년 이렇게 지속해서 행동을 이어가면 학원에 다닌 것보다 훨씬 더 머릿속에 오래 유지하고 기억하게 된다. 영어 단어를 많이 알게 되면 그다음 회화는 쉽게 접근할 수 있다. 난 영어 전문가는 아니다. 사실 나도 영어에 대한 두려움은 있다. 하지만 모르면 바로바로 검색해서 눈에 익히고 적어본다. 그냥 그렇게 자연스럽게 영어 공부를 하고 있다. 요즘은 유튜브를 보며 팝송도 따라 부르고 있다. 가볍게 천천히 그러나 지속적인 행동이 중요하다.

내가 하는 행동들은 기본 5년 이상 된 것들이다. 오랜 지속성이 만든 결과가 나만의 콘텐츠가 되는 것을 나는 보았다. 처음에는 그런 행동들이 별 의미 없어 보이지만 모이다 보면 나만의 개성이 된다. 그리고 책의 소재가 된다.

작은 행동은 결국 큰 행동을 불러일으킨다. 솔직히 그 사실을 알고 두려우면서도 신기하면서 신났다. 그만큼 내 행동에 의미가 있다는 것을 깨달은 것이다. 처음에 끄적끄적 낙서에서 나만의 글씨체가 된 것도 끊임없는 행동에 대한 지속성의 결과다. 그렇다고 내 글씨가 멋진 글씨라 생각하지는 않는다. 그러나 10년 전 처음 손글씨보다는 특별한 나만의 글씨체로 나타난 것은 사실이다.

평범한 주부에서 전문 장애인권강사가 되기까지 느렸지만 내 꿈이라는 과녁을 맞혔기에 자신 있게 작은 움직임의 비밀을 이야기할 수 있다. 경험은 큰 자산이다. 그리고 자신의 확신이다. 그래서 난 사람들에게 당당하게 말할 수 있다.

그렇다면 여기서 잠깐!
나만의 독특한 '꿈 의식성장론 7단계'를 알려줄까 한다. 작은 움직임에 보탬이 되었으면 한다.

■ 자아혁명 – 스스로 깨우치면서 자신을 돌아보기
1. 깨우친다: 자아 혁명 –> 자아실현 –> 자아발견 (반복)

■ 자아실현 – 능력, 개성, 선한 에너지를 완성해 남을 도울 수 있는 역량 키우기
2. 알린다: 자기의 부족한 점을 상쇄해줄 사람 만나기
3. 말한다: 자신감 있게 자기 생각을 내뱉는 힘

■ 자아발견 – 나는 누구인가?
4. 기록한다: 자기 철학, 생각, 정보 등을 기록하는 습관 기르기
5. 느낀다: 감정/마음+감각/신체: 감동으로 이끄는 힘
6. 듣는다: 강의, 언론매체, 지인과의 대화, 음악, 자연소리, 자신의 목소리
7. 본다: 원하는 것을 찾기

자신에 대한 강한 신뢰와 믿음으로 다지는 훈련은 곧 자신의 과거를 들여다보고 현재의 자신으로부터 분리하는 마음을 갖는 것이 중요하다. 스스로 깨우치고 또 깨우치는 단계가 곧 자아혁명이다. 태초의 자신에 대한 혁명을 말하는 것이다. 전혀 때 묻지 않은 있는 그대로의 자신에게 경의를 표하고 우주와 자신이 하나인 것을 이해하는 순간 자아혁명이 일어난다(자존감을 세우라는 의미이다. 예컨대 '나 이 정도면 괜찮아!'와 같이). 이것이 가장 기본인 꿈 의식성장론 7단계 중 스텝 1이다.

스스로 자존감 있는 사람이라 생각하는 순간 본능적으로 끌리는 존재를 알아차리게 된다. 누군가와의 만남을 우연이 아니라 필연이고 인연으로 여긴다면 당신의 머릿속에서 그다음 만남까지 생각할 수 있는 여유를 갖게 된다. 그런 생각과 행동이 반복되어 실현되면 자신감 있는 당신의 말에서 힘이 느껴진다. 이것이 자아실현이다(만나는 사람이 다양해지고 어느새 사람들이 내 말을 귀담아듣는다). 이것은 꿈 의식성장론 7단계에서 스텝 2, 3이다.

자아혁명과 자아실현이 자연스럽게 반복된다는 것은 무엇인가 기록되고 있다는 증거이다. 글로 자기 생각과 일정 아니면 아이디어, 정보를 기록하고 있지 않으면 깨우치고 알리고 말하는 단계로 가기가 어렵다. 그렇기에 관심 있는 일이나 사람 또는 목적을 기록하게 되면 자신만의 확신이 들기 시작한다. 그리고 그다음 단계에서 기록을 통해 감각들은 스스로 감동을 알게 될 것이고 그 감동을 통해 자신의 만족감은 최고조가 된다. 그로 인해 듣고 보는 것에 더 집중하고 다시 기록하고 느끼는 행위를 무한 반복하게 된다. 이것이 바로 자아발견이다(이제부터 자신이 무엇을 원하는지 스스로 인지하고 몸소 행동으로 옮긴다). 이것은 꿈 의식성 장론 7단계의 스텝 4, 5, 6, 7이다.

 꿈 의식성장론 7단계를 이해하고 행동하는 순간 당신의 움직임은 눈덩이 굴러가듯 점점 확대되고 성장하게 된다. 비록 그 움직임의 최소 단위 시간이 미비했을지 모르지만, 어느 정도 반복된 훈련이 지나면 주변에 지인이 달라지고 일이 생기고 경제적 여유도 맛보게 된다. 작고 여린 달팽이가 코끼리를 옮긴다는 것은 자신이 달팽이가 될 수도 있고 코끼리가 될 수 있다는 말이다. 결국 자신의 꿈 내면의 힘에 따라 결정할 수 있다는 의미이다.

틈새 시간에 몰입하는 힘

하루 24시간은 당신에게 아주 소중한 시간이다. 똑같은 24시간이지만 각자 삶의 방식대로 시간을 사용하고 있다.

시간은 크게 오전, 오후 그리고 새벽으로 나눌 수 있다. 오전형 인간, 오후형 인간, 새벽형 인간이 있다. 사람마다 자신에게 맞는 시간 에너지는 다르다. 난 오후 5시~6시 인간형이다. 나는 이 시간에 몰입이 더 잘되고 짧은 시간에 파고드는 힘이 더 강해진다. 파고드는 힘이란 자신이 관심 두고 원하는 일 또는 상황에 초점을 맞추어 집중적으로 살펴보고 정리하는 시간을 말한다. 여기에서 핵심은 자신에게 맞는 시간대를 찾는 것이다. 직장인이라면 출퇴근 등 자투리 시간대를 활용하는 것도 좋다. 아니면 짧은 시간이라도 확실하게 보장된 시간대를 공략하는 것도 가능하다. 그 시간대는 주로 점심시간이다. 점심시간은 대체로 1시간이다. 직장인에게 휴식 같은 시간이다. 점심을 먹고 난 뒤 20~30분 정도를 활용하는 사람들이 부쩍 늘어나는 추세다.

8년 전 카페에서 점심시간을 활용해 30분가량 꿈 강의를 한 적이 있다. 오로지 자기 내면과 외면을 바라볼 수 있도록 파고드는 시간을 만드는 것이 최종 목표였다. 생각보다 집중도가 높았고 그때 꿈 강의 참여자 한 분은 이런 말씀을 하셨다.

"처음에는 무슨 얘기인지 도통 이해하기 힘들었는데 2~3회 참여해보니 이런 시간을 갖게 된 것이 너무 기쁘고 만족스러운 마음이 들어 설레고 좋았어요."

그 시간을 통해 자신에게 믿음이 생겨 직장생활에 더 자신감이 붙었다는 견해를 들은 적이 있다. 꿈 강사로 소명을 다한 느낌이었다. 우리는 정규교육을 통해 사회구성원으로 살아가고 있지만, 사회인으로 살아가면서 정작 배워야 할 자신의 가치, 철학, 심리 교육을 제대로 배운적이 없다. 그러다 보니 사회구성원으로 살아가면서 감정사회에 적응하는 방법을 몰라 혼자 헤매거나 도태되는 경우가 생긴다. 이럴 때 자신과 비슷한 사람을 만나 서로 소통하고 공유한다면 자신의 엄청난 에너지를 느끼게 된다. 그것이 바로 자신의 무한한 힘이다.

사람은 다른 사람을 통해 자신의 정체성을 알아가고 발견하고 깨닫는 것이 순리다. 도 닦는 사람을 제외하고 혼자 갇혀 지낸다면 제대로 된 자신을 모르고 살아간다. 요즘 사회의 큰 문제가 바로 자기 정체성의 부재이다. 자기 내면을 이해하지 못하고 외면해버린다면 자신을 무의미한 사람으로 인정하게 된다. 그로 인해 정신적으로 피폐하고 뇌까지 영향을 주지 않을까 그런 생각이 든다. 난 과학자도 의학자도 아니다. 그냥 살아오면서 경험을 통해 삶 지식인으로서 느끼는 것을 말하고 있다. 결국, 자신의 문제를 혼자 해결하는 것이 아니라 나와 비슷한 사람을 만나 글과 말, 몸짓을 통해 공감하고 소통함으로써 자신의 자유로운 세계(현실과의 타협점)를 이해하게 된다.

우리는 성공에 대한 열정이 가득하다. 그러나 꿈은 성공이 아니다. 그냥 꿈으로 가는 과정에서 맛보는 하나의 물질 보상이다. 그래서 꿈에 대한 열망이 강한 것도 있다. 여기에서 성공은 부(富)만을 의미하지 않는다. 성공은 하루 행동의 결집체이다. 꼭 성공만이 바람직한 것은 아니다. 하던 일이 잘 안 되거나 실수하더라도 그 속에 기회의 운은 항상 존재한다. 그것을 끄집어낼 수 있는 능력은 바로 자신만의 노력이다. 실수에 좌절하지 않고 칭찬이나 비난에도 의연하게 대처하는 노력도 중요하다. '성공의 의미는 목적하는 바를 이루는 것이다.' '노력의 의미는 목적을 이루기 위해 있는 힘을 다해 부지런히 애를 쓰는 것이다.' 그래서 성공은 노력이 뒷받침되어야 이루어진다.

성공이란?

"Success is never a destination-it is a journey."
성공은 종착지가 아니라 여정이다.　　-존 템플턴

"The secret to success is to do common things uncommonly well."
성공의 비밀은 평범한 일을 비범하게 해내는 것이다.

−존 록펠러(*John D. Rockefeller, 1839~1937*)

평범한 것이 비범하다. 우리는 평범한 일상에서 자신의 자투리 시간을 비범한 시간으로 스스로 챙길 필요가 있다. 꼭 30분이 아니어도 좋다. 5초 5분도 가능하다. 단, 느리더라도 꾸준히 하는 습관을 들이는 게 중요하다. 그것이 일 년 정도 모이면 비로소 자신에 대한 열망과 열정이 생긴다. 그리고 무엇인가 하고 싶은 일이 발생하는 것을 몸소 느끼게 된다. 그렇다면 간단히 혼자서 할 수 있는 꿈 기록지를 제공할까 한다.

<30분 Power of Think>

나의 나쁜 점은 또한 나이다.
나는 (미루기쟁이) (공상가) (_____) 이다.
그래도 나는 내가 좋다.

나의 좋은 점에 집중하는 순간 당신은 설렘과 뿌듯함을 알아차린다.
내 꿈은 (친절하다) (낙서를 잘한다) (_____) 이다.
나의 자산이며 나의 꿈 도구이다.

꿈이란

'자신의 원하는 상황으로 이끌어 나가는 마음의 근력이다.'

(DreamSark)

꿈이란 (나 자신부터 챙기고 한 달에 한 번 영화 보기)

202 년 월 일 요일 시간 : 오전 11시 45분

장소 : 집 거실

글쓴이 : 한미라

쓰기 편하게 예시를 기록했다. 꿈은 거창하고 화려한 것이 아니라 아주 사소한 것부터 챙기자는 의미다. 30분은 짧다면 짧은 시간이다. 그러나 그 자투리 시간을 잘 활용하면 자신에게 엄청난 능력을 가져다준다. 오늘 한 행위는 미래의 행위다. 그러니 아주 작은 것부터 쉽게 할 수 있는 꿈의 도구를 찾아보자. 간단히 사용할 수 있는 휴대전화, 좋은 글 따라 쓰기, TV에서 나오는 생소한 경제단어 검색하기 등등 마음만 먹으면 발견하고 탐색하고 알아차릴 거리가 많다는 사실을 곧 알게 된다. 자! 지금 당장 휴대전화로 원하는 단어를 검색해보자.

평범한 것이 비범하다.

우리는 평범한 일상에서 자신의 자투리 시간을 비범한 시간으로

스스로 챙길 필요가 있다.

단, 느리더라도 꾸준히 하는 습관을 들이는 게 중요하다.

이렇게 설렐 줄이야!

어릴 때는 설레는 일이 많았다. 생일, 어린이날, 수학여행, 방학, 크리스마스 등 특정한 날이 유독 기다려지고 설레었다. 선물을 기다릴 수도 있고 맛있는 음식을 기다릴 수도 있고 내가 좋아하는 사람이나 원하는 장소에 갈 수 있다는 마음에 두근두근할 때가 있었다. 무엇인가 기다리는 마음은 자기 생각을 긍정으로 올리고 상상의 날개를 자유롭게 펼칠 수 있는 무한 공감 능력이 풍선처럼 커질 때가 있었다. 그만큼 큰 목표가 아니더라도 우리는 순수 그 자체에 엄청난 감정의 소유자였다.

그러나 나이가 들고 현실을 자각하면서 자신의 순수한 감정은 온데간데없이 사라지고 걱정과 근심 그리고 두려움 등 좋지 않은 감정에 묶여있지는 않는가? 그래서 다시 어릴 때 순수한 마음의 소유자로 돌아가자는 취지로 설렘에 관해 이야기하고자 한다.

사람은 감정의 동물이다. 그러나 감정은 단순하지 않다. 그렇지만 어떠한 감정을 유지하느냐에 따라 단순해지면서 몰입할 수 있다.

우리가 생각하는 몰입은 특정한 것에 대한 집중을 말하지만, 여기에서 말하는 감정의 몰입은 무한 긍정의 힘이다. 아무리 어두운 환경이라도 주변에 설렘을 유지할 수 있다면 자신의 무한 긍정의 힘은 곳곳에서 발휘할 수 있다.

2020년은 코로나로 인해 모두가 힘든 시기를 보냈다. 특히 사람을 대하는 직종은 큰 타격을 받았다. 강사인 나 또한 강의를 할 수 없으니 경제적으로 힘들고 마음이 불편했다. 하지만 그런 속에서 일상의 작은 설렘에 한 부분을 이야기하고자 한다.

어느 날 일정이 있어 차를 운전하다가 지역 라디오 프로그램 중 이벤트 코너에 귀를 기울이게 되었다. 라디오 디제이가 지금 문자로 번호를 남기면 울산 작가분 책을 보내주겠다는 내용이다.

그런데 그 책 작가분이 내 지인이었다. 반가운 마음에 잠시 차를 세우고 문자를 보냈다. 라디오는 주로 듣기만 하지 잘 참여하지는 않는데 혹시나 하는 기대가 있었다. 그리고 다시 가던 길을 가기 위해 운전했다. 몇십 분 후 이벤트에 당첨된 번호를 호명하는데 글쎄 내 휴대전화 뒷번호를 부르는 것이었다. 디제이는 당첨된 분은 다시 주소를 보내 달라는 말을 남기고 마지막 음악을 내보냈다. 난 너무 기분이 좋고 신나서 운전 중 '야호'를 외쳤다. 그리고 신나게 음악을 따라 불렀다.

어찌 보면 이 과정이 단순하면서 쉬워 보일 수도 있지만 그리 흔한 과정이 아닐 수도 있다. 갑자기 호기심이 발동된 것도 있지만, 혹시나 하는 기대가 있었기에 기다리는 내내 잠시 설레는 마음을 가질 수 있었다. 그리고 만족스러운 결과까지 얻으면 더할 나위 없는 성취감을 맛볼 수 있다.

여기서 하고 싶은 말은 주변에서 이런 과정을 찾아보면 많이 만들 수 있다는 것이다. 거창한 것이 아니라 아주 사소한 것부터 직접 참여하거나 경험을 스스로 만들다 보면 분명 의도치 않았지만 좋은 결과를 맛보게 된다. 그런 경험을 많이 하다 보면 과정들이 눈에 보이면서 스스로 자연스럽게 선택하고 만들 수 있다는 것이다.

다시 말해서 코로나로 강의가 취소, 연기되는 상황에서 좌절하거나 실망하는 감정에 빠져 지내는 게 아니라 최소한 내가 할 수 있는 범위 안에서 설레는 방법을 찾았다는 것이다. 때론 즉흥적인 행동에서 기대와 설렘 그리고 작은 성취감을 맛볼 수 있게 된다. 그것은 나를 즐겁게 기분 좋게 신나게 하는 능력을 키우는 또 다른 방법이다.

나이가 들어간다는 것은 현실적으로 그대로 받아들이는 것이다. 그 점에서 장단점이 있겠지만 현실에 부딪혀 자신을 정확히 이해하고 변화로 이끌 힘이 부족할 수밖에 없다.
이때 필요한 것은 호기심, 공상, 엉뚱함이다. 어릴 때 자연스럽게 발동되는 생각이지만 나이가 들면서 사라지는 것들이다. 자신에 대한 무한 긍정을 가지려면 나 자신부터 챙겨야 한다. 학력이 높고 돈이 많다고 해서 자기 자신을 이해하고 인정하는 것은 아니다. 사람은 사람으로부터 인정받고 싶어 한다. 그러나 우리는 사람을 쉽게 이해하고 인정해주지 않는다. 그렇다면 결국은 자신 스스로가 그 부분에 대한 내면의 힘을 키워야 한다는 말이다.

그래서 무한 긍정 힘을 갖기 위해 자기 자신이 내면의 힘을 키워야 한다. 난 그것을 설렘이라 생각한다. '설레다'의 사전적 의미는 '들떠서 두근거리다'이다. 무엇인가를 기대하고 기다리는 과정에서 나오는 마음이다. 사람일 수도 있고 일일 수도 있다. 나를 잠시 어려운 환경에서 벗어나게 하는 마음의 여유는 당신이 직접 만들고 챙겨야 한다. 이럴 때 필요한 것이 자신에게 무한 '예스'를 외치는 것이다. 뭐든 안 된다는 마음보다 '오케이, 좋아 뭐든 예스라 불러주지!' 자신만의 확고한 예스가 필요하다.

그래야 비로소 자신을 인정하게 된다. 남들에게 바라지 말고 자기 스스로 '예스'라 외치고 인정해주자. 잠깐 생각해보면 그리 어려운 일이 아니다. 돈이 들어가는 것도 아니고 시간이 드는 것도 아니다. 단지 자신에게 예스라 외치는 것이 서툴고 어색하고 귀찮아서 그렇지, 생각해보면 가장 쉽게 시작할 수 있는 것이다. 그럼 자신과의 약속을 서약해보자.

〈자신과의 약속〉

1. 나의 두려움 대상은 _____이다. 그러나 더 나를 힘들게 하지 않는다.

2. 내가 현재 기분 나쁜 것은 _____이다. 하지만 달리 생각해보면 그럴 수 있다.

3. 난 _____할 때 제일 행복해! 그것을 위해 난 _____할 거야!

4. 오늘 감사한 일은 _____이다. 알고 보면 주변에 감사할 일이 많다.

5. 이번 주 나에게 창조적인 일은 _____이다. 아주 사소한 것부터 시작해야지.

창조적인 일은 혼자 멍하니 있기, 낙서하기, 종이 배접기, 좋은 책 한 구절 따라 쓰기, 간단한 시를 쓰기, 작은 돌을 주워 색칠하기, 비전 보드 만들기(갖고 싶고 원하는 것에 대한 이미지 붙이기), 지금 생각나는 사람에게 전화하기 등 자신이 원하는 행동을 실행해 보는 행위를 말한다.

자! 오늘부터 나 자신을 위해 실천해보자. 그리고 아주 사소한 것부터 나를 설레게 할 수 있는 작은 도구가 무엇인지 아니면 나를 기분 좋게 해주는 사람은 누구인지 잠시 생각해보는 것도 자신에 관한 관심이다.

나를
설레게
하는것

아주 사소한 것부터 나를 설레게 할 수 있는 작은 도구가 무엇인지
아니면 나를 기분 좋게 해주는 사람은 누구인지 잠시 생각해보는 것도
자신에 관한 관심이다.

열심히 NO,
꾸준히 YES(견뎌내는 힘)

우리는 성장하면서 실패와 성공의 경험을 통해 새로운 것에 도전하거나 시작하는데 차이가 있다. 아무래도 성공보다는 실패의 경험이 더 많을 것이다. 특히 어릴 때 시험점수에 따라 자신의 자아를 판단하게 된다. 공부를 잘하면 뭐든 잘 할 수 있는 사람이라는 용기 또는 자신감이 생기고 공부를 못하면 뭐든 잘 못하는 사람으로 인정히고 매사 소극적이고 자신감도 떨어지는 경향이 있다. 공부를 못하면 자신의 가치를 낮게 평가하는 경우가 많다.

공부를 잘하는 사람은 기초가 탄탄하기도 하지만 기본적으로 타고난다 사람들이 잘한다. 무조건 외운다고 잘 되는 것은 아니다. 사람마다 뇌의 구조가 다 다르다. 암기력이 좋은 사람, 이해력이 좋은 사람, 친화력이 좋은 사람, 손재주가 좋은 사람, 운동을 좋아하는 사람, 예술을 좋아하는 사람 등 각자의 능력이 다 다르다.

우리는 어릴 때 열심히 잘해야 한다는 소리를 많이 듣고 자랐다. '열심히'의 사전적 의미는 '하는 일에 마음을 다해 힘써서'이다. 의미는 좋지만, 결과로 평가되는 경우가 많아 성과가 좋지 못하면 실패의 경험으로 늘어나고 자신을 부정적으로 생각할 수밖에 없다.

어른들은 부지런히 열심히 해야 잘 산다는 말을 많이 하신다. 대체로 열심히 하는 인간상을 계획적으로 행동하고 실천하는 사람, 빈틈없이 처음부터 끝까지 요령 피우지 않는 사람으로 생각한다. 그 사람은 누구를 위해 그렇게 열심인가? 자신을 위한 말보다는 타인을 위한 단어처럼 느껴진다. '열심히'라는 표현만 추켜세우면 게으른 사람, 엉뚱한 질문한 사람, 성실하지 못한 사람, 상황에 따라가지 못한 사람 등 열심히 하지 못하는 사람은 나약한 사람, 생각이 없는 사람, 느린 사람으로 인정한 꼴이 된다.

사람의 유형은 다 다르기에 그것을 만족시키지 못한 사람은 열심히 하지 못해서 자신이 실패한 사람으로 인정하게 된다. 그러나 난 열심히 하기보다는 꾸준히 하는 사람을 얘기하고 싶다. 같은 목표 아래 열심히 하는 것과 꾸준히 하는 것은 차이가 있다. 비록 바로 결과를 내지는 못하더라도 포기하지 않고 꾸준하고 묵묵히 하되, 때로는 상황에 따라 잠시 미루어 두어도 괜찮다. 여기에서 꾸준하다는 것의 핵심은 완성되지 않은 채 다른 일을 해도 된다는 것이다.

상황에 따라 좋은 결과가 나오지 않을 수 있다. 그렇기에 최선을 다

하지 못했다고 어떠한 일도 할 수 없는 사람으로 여길 필요가 없다. 사람마다 자신의 성향에 따라 목표를 이루는 데 제각기 시간이 다를 수 있다. 짧은 시간 집중해서 성과를 이룰 수도 있고 오랜 시간이 걸려도 이루어지지 않을 수도 있다. 그렇지만 목표에 다가가는 방법이 달라도 결국 자신이 이루고 싶다는 신념 곧 마음을 먹는다면 시간이 문제지 결국 돌고 돌아 자신의 원하는 목표에 비슷하게 다다를 수 있다.

그 과정에서 열심히만 하게 되면 자신과의 싸움에서 졌다고 생각할 수 있다. 그러므로 차라리 꾸준히 마음먹고 천천히 때론 쉬어서 아니면 잠시 다른 길로 가도 된다. 마음속에 진실로 원하는 목표가 있다면 시간이 걸리더라도 결국 그 길에 다다르게 된다. 난 여러 길로 돌고 돌아 현재 강사로 활동하고 있으며 결국 책을 쓴다는 목표는 몇 년이 지나 이루게 되었다. 여기에서 제일 중요한 것은 항상 할 수 있다, 가능하다, 하겠다는 마음가짐이다. 그것이 사신을 꾸준히 이룰 수 있도록 도와준다. 자신을 도와주는 것은 결국 자신의 마음이고 그 마음은 자기 능력을 발휘하는 원동력이 된다. 그것이 바로 버티는 힘이다.

때론 상황이 좋지 않아 포기하고 좌절하고 실망하고 용기를 잃을 때가 많다. 하지만 그때마다 마음먹은 것을 내려놓으면 자신의 원하는 삶에 다가가기 쉽지 않다. 이럴 때 꿋꿋이 버티고 나갈 수 있도록 자신에게 희망과 용기를 주고 자신의 목소리에 귀 기울이기를 바란다. 내면의 힘은 당신을 언제나 기다리고 있다. 그리고 자신을 살펴주길 바라며 당신을 바라본다. 그것은 자신이 제일 힘들고 괴롭고 두렵고 힘들 때 오히려 자기 내면에서 당신을 바라보고 있다. 나 여기 있고 진정한 나를 만나는 시간이라고 항상 내 눈앞에 기다리고 있다고 한다. 그것을 알아차릴 때 비로소 당신의 눈에서 뜨거운 눈물이 흐르고 당신의 심장에서 요동치게 띌 것이다. 그 현상은 바로 진정한 당신과 맞닿는 순간이기에 무시하지 말고 당신의 말에 귀 기울이기를 당부한다.

누구나 세상을 살아가면서 내가 원하는 것을 다 이룰 수 있다면 행복하겠다고 생각한다. 하지만 결과를 이룬 순간보다 어려운 환경 상황에서 잘 견디고 그 속에서 자신이 작은 것이나마 원하고 행동할 수 있다면 오히려 그곳에서 여유와 감동을 맛보게 된다. 그리고 사람들과의 행복한 관계를 잘 이어간다면 돈이 많을 때보다 자신과 잘 타협하고 대화하고 이루어지는 과정이 신나고 신기하고 즐거워하는 것에서 참 행복을 느낀다. 그것이 바로 꿈이고 원하는 목표를 이루는 방법이다. 그래서 꾸준히 자신과의 타협에서 버틸 힘이자 인내할 수 있는 용기이다.

有志竟成 유지경성

'뜻이 있는 사람은 마침내 이룬다는 뜻으로, 이루고자 하는 뜻이 있는 사람은 반드시 성공한다는 말이다.'
"누구든지 한 가지의 능력은 갖추고 있다. 그 하나의 능력은 오직 그만의

것이다. 그것을 일찌감치 깨닫고 충분히 살려 성공하는 사람도 있고 자신의 한 가지 능력 즉 자신의 본성이 무엇인지 모르는 채 살아가는 사람도 있다. 자신의 힘만으로 그 능력을 찾아내는 사람도 있고, 세상의 반응을 살피며 자신의 본성이 무엇인지를 끊임없이 모색하는 사람도 있다. 틀림없는 사실은 어떠한 경우라도 주눅 들지 않고 씩씩하고 과감하게 그리고 꾸준히 도전해 나가면 언젠가는 자신만이 가진 한 가지 능력을 반드시 깨닫게 된다는 것이다."

–프리드리히 빌헬름 니체(Friedrich Wilhelm Nietzsche), 《차라투스트라는 이렇게 말했다》 중 '인간적인 너무나 인간적인'

고사성어, 독일의 철학자 니체의 말처럼 자신과 끊임없는 대화와 이룰 수 있다는 신념 그리고 자신을 현실에 얽매지 말고 당당히 원하는 삶, 방향을 꾸준히 밀고 나간다면 자신만의 고유한 능력을 발견하게 되고 그 발견으로 세상의 반응을 더 알아차릴 수 있다는 의미다.

당연히 모두가 열심히 살아야 한다. 하지만 모든 사람이 열심히 할 수 없기에 꾸준히 천천히 그리고 당당히 마음먹은 대로 목표를 선택하고 향한다면 그것이 바로 꿈으로 가는 과정이요 스스로 행복한 삶을 살 방법을 터득하는 과정이다. 지금, 이 순간 당신이 원하는 삶이 무엇인지 당신의 눈과 마음 그리고 손에서 반응이 일어난다면 바로 펜을 잡아 무엇이라도 기록해두기를 바란다. 이것이 바로 당신이 반응하는 모습을 탐색하는 과정이다.

모든 사람이 열심히 할 수 없기에

꾸준히 천천히 그리고 당당히 마음먹은 대로

목표를 선택하고 향한다면

그것이 바로 꿈으로 가는 과정이요

스스로 행복한 삶을 살 방법을 터득하는 과정이다.

반응 훈련

성공한 사람들의 비결은 적극적인 반응이 있다는 것이다. 성공의 비법에는 여러 가지가 있겠지만 그중 자신의 변화에 민감하게 반응하고 자신만의 독특한 감각을 알아차리고 행동으로 말하는 게 중요하다. 그들에게 공통된 특성이 있다. 머리가 좋아서도 아니고 좋은 배경과 환경이 있어서도 아니다. 자신의 목표를 향해 오래 끌고 나갈 수 있는 열정과 끈기, 인내가 있다. 어려운 일이 있더라도 흔들리지 않고 밀고 나갈 수 있는 마음의 힘이다. 그것을 뒷받침해주는 것이 바로 반응이다. 단순한 반응만을 얘기하는 것은 아니다. 내가 말하는 반응은 크게 4가지의 요소가 있다. 마음 훈련, 신체 훈련, 사물 훈련, 자연 훈련으로 구성되어 있다.

첫째, 마음 훈련이다. 모든 근본의 힘은 마음에서부터 나온다. 태어날 때부터 우리는 나름 자신의 감정을 여러 가지 몸짓, 소리로 표현하기 시작했다. 그럴 때 주변 상황의 반응에 따라 자기 감정의 충만함과 부족함을 처음 습득하게 된다. 그게 첫 번째로 배우는 감정이다. 그리고 유년기 시절 부모 또는 선생님, 또래 관계에서 두 번째 감정이입이 형성된다. 이때 감정을 원활하게 대우받지 못하거나 희생당했을 경우 자신의 감정에 제대로 된 주인의식을 갖지 못할 수 있다. 그리고 성인이 된 후 남녀관계 또는 직장생활 동료와의 관계에서 감정이입이 형성된다. 이때는 마음보다는 자신감이라 표현할 수 있다. 유년기 시절부터 성인기까지 감정에 상처가 있더라도 마음 훈련을 통해 얼마든지 자기 내면에 자존감을 높일 방법이 있다.

첫째, 마음 훈련은 자신과 끊임없이 대화하는 훈련이다. 제일 기본적인 방법은 자신의 인생을 크게 분류로 나눠서 인생 경험보고서를 작성하는 것이다. 인간 성장 발달을 유아기, 아동기, 청소년기, 청년기, 노년기로 크게 나눈다. 자기 나이 안에서 성장 과정을 구분하고 자신의 과거를 연령대별로 작성해본다. 내용의 구성은 그 시기에 느꼈던 점, 힘들었던 점, 당시의 감정을 3문장 정도씩 쓰면 된다. 이왕이면 아주 구체적인 상황을 묘사해서 써도 좋다. 연령대로 작성하고 난 뒤 꼭 그날 쓴 날짜도 작성해주기를 바란다. 수기로 적기보다 한글파일로 작성해두면 오래 보관해서 좋다. 나도 10년 전 심리 공부 때 작성해놓은 경험보고서를 아직도 보관 중이다. 다시 읽어보면 과거의 나와 현재의 나를 돌아볼 수 있다.

둘째, 신체 훈련은 마음을 정화해주는 아주 중요한 감정 청소 창구이다. 흔히 말하는 운동을 말하는 것은 아니다. 당연히 기본적인 운동은 필요하다. 온몸 운동으로 빠른 걸음을 추천한다. 모든 혈의 기본은 발바닥에서부터 시작한다. 혈이 잘 돌아야 정신도 건강해진다. 그러나 여기에서 말하고 싶은 것은 자기 감각에 대한 훈련을 말한다. 움직이지 않고 신체의 균형을 맞출 수 있는 3가지는 가만히 멍때리기와 입 운동 그리고 손 운동이다. 시간은 5분만 하면 충분하다. 단 지속성이 중요하다. 당연히 운동 효과를 얘기하는 것은 아니다. 오로지 신체의 에너지를 발휘하는 데 중요한 자극을 말한다.

마음의 부담감을 지우기에 아주 좋은 방법은 의미 없는 시선을 바라보는 운동, 일명 멍 때리기이다. 복잡한 뇌 속을 정리하는 휴식 시간이다. 뇌에서 활발히 일어나는 신호 전달을 잠시 멈춰주는 역할이라고 할까! 입 운동은 문장을 성우처럼 읽는 훈련이다. 마치 본인이 주인공인 것처럼 읽어주면 더 효과적이다. 비록 자기 모습이 초라한 상태리도 상상으로는 멋진 주인공이 되는 것이다. 가끔이라도 나만의 시간을 가져보면 훨씬 더 자신감이 생긴다. 그리고 마지막 손 운동은 손가락을 부지런히 움직여서 글이든 무엇이든 만드는 시간을 가지는 것이다. 뭐든 만들다 보면 점점 손가락 근육이 꼼꼼하게 움직이게 된다. 이런 작업은 나의 몸에 감각을 일깨우고 뇌의 자극으로 자신의 뇌를 긍정적 영향으로 이끌어 주는 역할을 한다.

셋째, 사물 훈련은 사물에 대한 감정이입 또는 공감이다. 자신의 주변에 놓여있는 사물에 대해 남다른 생각과 의식을 갖는 행위를 말한다. 쉽게 말하자면 자신이 가지고 다니는 물건이나 주변 공간에 대한 애정도와 친밀도를 높이는 훈련이다. 사람에게만 에너지가 흐르는 것이 아니다. 사물을 통해 나를 다른 공간으로 이동하게끔 해서 나와 비슷한 유형의 사람을 만날 수 있게 한다. 그래서 사물을 그냥 딱딱한 물건으로 보는 것이 아니라 살아 숨 쉬고 변화를 일으킬 수 있는 중요한 에너지의 도구라 여기게 되면 그 사물에 대한 공감도가 높아지게 된다.

예를 들어 휴대전화, 자동차, 노트북, 요리기구, 화장품, 서류 가방 등 당신에게 소중한 사물을 떠올려보자. 그것이 자신의 가치에 영향을 끼친다면 그 사물을 소중하게 다룰 것이다. 자동차로 예를 들자면, 당신이 운전해서 가는 곳이 곧 당신의 삶의 방향이요, 길이다. 그리고 그곳에서 만나는 사람이 당신을 좋은 사람, 나쁜 사람으로 이끌어 줄 것이고 당신의 직업까지도 연계할 수 있는 아주 중요한 사물이다. 자동차 하나만 설명해도 당신의 인생에 엄청난 영향을 주고 있다는 사실이다. 자동차로 여행, 동호회, 모임 등 각각의 변화를 일으킬 수 있는 요소가 많다. 이처럼 단순한 사물이 아니라는 사실을 잊지 않기를 바란다.

넷째, 자연 훈련은 말 그대로 자연을 통해 온전히 자신이 살아있음을 알아차린다. 맑은 공기, 아름다운 경관 그리고 맑은 물을 통해 이 지구상에 온전히 자신이 살아있고 중요한 사람이라는 점을 인식하게 된다. 복잡하고 힘들 때 바다, 산, 공원으로 산책하는 것만으로도 완전한 기분전환이 된다. 기분이 전환된다는 말은 자신의 에너지에 좋은 흐름으로 안내해준다는 의미이다. 쉽게 말하자면 자연은 있는 그대로 있다. 단지 자신의 환경으로 인해 자신을 나약한 사람, 무엇인가 망설이고 할 수 없는 사람으로 인정하게 만든다.

그러나 자연으로 들어가는 순간 당신은 그냥 당신일 뿐이다. 그것이 사람의 진리이다. 때 묻지 않은 곳에 가면 난 그대로 때 묻지 않은 사람이다. 비록 자신의 과거가 힘들지라도 그 순간만은 온전한 나다. 그래서 사람들은 휴식을 위해 종교시설이나 좋은 곳에 찾아간다. 그러나 그런 시간조차 내기 힘든 사람도 있다. 그럴 때 가까운 공원이든 바다이든 산이든 가보기를 권유한다.

이로써 4가지 훈련에 관해 이야기했다. 중요한 것은 이런 훈련은 자신의 반응(작은 움직임)이 있어야만 가능하다는 것이다. 마음이 이끌고 행동으로 옮겨야 비로소 반응이라 말할 수 있다. 반응은 누구에게나 일어나는 현상이다. 마음, 신체, 사물, 자연을 통해 반응이 많이 일어나기를 바란다.

자신만의 독특한 감각을 알아차리고
행동으로 말한다.

6S 감각 재발견

　지금까지 나의 인생 경험과 꿈에 관한 이야기가 어느덧 마무리 단계에 접어들었다. 꿈에 관한 연구를 하면서 나는 6S(Sense) 감각을 발견하게 되었다. 아주 단순한 이론이지만 자기 삶에 적용하면서 살아가는 사람은 많지 않을 것이다. 대부분 사람은 주어진 환경에서 최선을 다해 살아간다. 누군가는 꿈은 배부른 사람, 한가한 사람, 헛꿈 꾸는 사람만 가능한 일이라 생각한다. 하지만 당신은 아직 당신의 능력을 10%도 발휘하지 않았다. 자신만이 가지고 있는 독특한 고유의 감각을 제대로 발휘하지 못했다. 그래서 이 부분에서 당신의 감각을 재발견하기를 원한다. 사람에게는 자아의식이 있다. 이것은 그냥 성장하거나 표출되지 않는다.

　자아 성장은 크게 3가지로 나눈다. 1. 감성(온전히 느끼는 마음) 2. 비전, 가치(직업) 3. 사람(대인관계)이다. 이것을 제대로 발휘하기 위해서는 계속 당신에게 노크해 자기 감각 문을 열어야 하는데 그것을 확장해주는 역할이 6S 감각이다.

자! 이제부터 6S(Sense) 감각을 파헤쳐 보자. 삶은 늘 일상적이다. 그것은 모두에게 당연하다. 그러나 꿈을 이루는 사람의 특징에는 삶을 바라보는 오성(悟成)이라는 5가지 법칙이 있다. 자성, 감성, 소성, 정성, 오성이다. '자성은 자기 스스로 반성한다는 점이다. 감성은 자극에 대하여 느낌이 일어나는 능력이다. 소성은 본래 타고난 성품이다. 정성은 온갖 힘을 다하려는 진실하고 성실한 마음이다. 오성은 지성이나 사고의 능력이다.' 이 5가지 오성을 갖춘 사람만이 꿈을 향해 마음을 먹고 목표를 정하고 달려간다. 그렇다면 이 5가지를 일으킬 수 있는 요소는 아주 단순하면서 쉽고 간단하지만 잘 신경 쓰지 않는 6S 감각에 관한 설명을 하겠다.

6S 감각은 사람만이 가진 다양한 감각이다. 감각을 통해 자신을 스스로 움직이게 하고 그것을 반복된 훈련을 통해 오성으로 이어지기를 희망한다. '우리는 모두 상상력, 지성, 감정, 통찰력 그리고 감각적인 인지에 있어 놀라운 능력을 지니고 태어났다.' 하지만 그것을 끄집어낼 수 있는 사람은 바로 우주 파장인(드림인)이다. 이들의 특징은 열정, 태도, 기회에 집중한다는 것이다. '열정은 자신이 하는 일에 깊이 담긴 즐거움을 안다. 시간과 노력보다는 집념으로 판단한다. 태도는 자신을 스스로 행운아로 생각한다. 늘 주변에 일어나는 일에 불만보다는 감사하는 마음으로, 좋지 않은 일이 생기면 크게 연연하지 않고 좋은 마음으

로 그 일을 바라본다는 사실이다. 기회는 같은 부류인 사람을 잘 알고 그들과 함께 교류하면서 기회를 자연스럽게 찾아낸다.' 이것이 우주 파장인이 갖춘 면모이다.

　그럼 본격적으로 6S(Sense) 감각에 관해 이야기하겠다. 사람의 기능에는 갖가지 힘(에너지)이 있다. 생각하는 힘(뇌), 말하는 힘(입), 마음의 힘(심장), 보는 힘(눈), 쓰는 힘(손), 활동하는 힘(발)이다. 그 힘들이 선순환하면 자연스럽게 연결고리(꿈, 부, 여유, 풍요, 행복)가 생긴다. 그리고 자석처럼 같은 부류의 사람들을 만나게 되고 대우주가 자연스럽게 자신이 원하는 상황으로 이끌어 준다. 여기에서 핵심은 자기 감각을 인지하고 활성화하도록 노력하는 것이다.

　생각하는 힘(뇌)은 크게 긍정, 부정으로 나눈다. 항상 부정보다는 긍정을 생각하는 습관을 지닌다. 이때 명심해야 할 단어는 인맥, 인복이다. 스스로 이것들을 가진 사람이라 생각해야 한다. 스스로 인정하면서 자신을 토닥토닥 다독여준다. 생각만으로 가능한 일이다. 이 부분이 아주 중요한 자기 내면(자기 인정)에 길을 열어주는 첫 단추이기도 하다.

　말하는 힘(입)은 좋은 말, 나쁜 말로 나눈다. 좋은 말을 함으로써 에너지가 열리고 심리 통제가 가능해진다. 나쁜 말은 에너지가 닫히고 주변 상황을 어렵게 만든다. 곧 에너지 발산의 중요한 시작점이다. 말은 하는 대로 이루어지고 현실로 만들어 준다. 그래서 입이 보살이라는 말도 있다. 항상 사용하는 단어에 깊게 생각하길 바란다.

마음의 힘(심장)은 사람을 끌어당기는 힘이다. 마음은 머릿속보다는 심장에서 발휘된다. 우리가 누구를 사랑하게 되면 바로 심장이 심하게 요동치듯이 두근두근하는 마음은 심장에서 나타난다. 그래서 항상 우리는 주변과 연관성을 잊어서는 안 된다.

보는 힘(눈)은 보는 대로 믿기 때문에 더 넓은 시각을 가질 필요가 있다. 전체를 바라보는 눈 그리고 집중할 때는 한 부분만 관찰할 수 있는 시각을 가지면 당신이 원하는 것을 보게 된다.

쓰는 힘(손)은 무엇이든 기록하는 행위를 말한다. 단어, 한 구절, 문장도 좋다. 무엇인가 자꾸 쓰는 버릇을 들여야 한다. 생각과 마음을 기록으로 남긴다면 곧 현실이 된다.

활동하는 힘(발)은 내가 가고 싶은 대로 움직이는 것이다. 발걸음 속에 그곳에 꿈이 연결되어 있다. 6S 감각은 누구나 다 가지고 있는 감각들이다. 아주 단순하다. 그러나 서로 연결 지어 자신의 에너지로 연결된다는 것은 잘 모른다. 여기에서 중요한 것은 자기 신체와 사고에 연관성을 끊임없이 관찰하고 연구하는 자세가 중요하다.

철학자 르네 데카르트는 자신이 존재하는 것은 사고할 수 있기 때문이라고 말했다.

"나는 생각한다. 그러므로 나는 존재한다."

하버드 심리학자 하워드 가드너는 우리가 하나 아닌 복수의 지능을 지니고 있다고 주장한다. 언어와 음악 수학 공간 운동의 지능, 인간 사이(타인과의 관계)의 지능, 인간의 내적(자신에 대한 앎과 깨달음) 지능으로 나뉘어 있다고 한다. 자신의 지능에 한층 더 활성화하는 좋은 방법은 자신을 격려하고 지지하는 사람을 만나는 것이다. 심리학자 대니얼 골먼은 '정서적 지능과 사회적 지능은 주변 세계와 조화롭게 잘 살아가는데 꼭 필요한 능력이다.'라고 했다.

로버트 쿠퍼는 지능이 두개골 속의 뇌만이 아니라 심장의 뇌, 내장의 뇌가 있다고 말한다. 우리가 경험하는 것이 머리의 뇌로 바로 가는 것이 아니라 내장, 심장의 신경망을 거쳐 뇌로 간다고 한다. 일명 제2의 뇌라고 한다. 그리고 가장 먼저 일어나는 반응은 본능적인 반응이다. 그 본능은 바로 기본적인 감각의 자극에서 타고나는 것이다. 인간은 사회적 동물이기에 지능 또한 후천적으로 발전 가능성이 있다. 그 지능을 6S 감각에서 훈련해보기를 권한다.

우리는 모두 상상력, 지성, 감정, 통찰력

그리고 감각적인 인지에 있어

놀라운 능력을 지니고 태어났다.

자기 신체와 사고에 연관성을

끊임없이 관찰하고 연구하는

자세가 중요하다.

꿈은 우주의 빅뱅

지구상에 인간은 어쩌면 하찮은 존재일 수도 있다. 그러나 달리 생각해보면 엄청난 에너지의 존재일 수 있다. 그것은 단지 자기 견해차 위에서 발견할 수 있다.

사람들은 소원을 빌거나 절실한 믿음을 얻기 위해 달을 바라볼 때가 있다. 내가 서 있는 곳에서 달을 찾기는 어려운 일이 아니다. 그런데 달은 생각보다 가까운 거리에 있지 않다. 지구와 달의 거리는 약 38만km라 한다. 태양계에서 태양을 제외한 모든 행성을 지구와 달 사이에 넣을 수 있을 정도로 그 거리는 어마어마하다. 우주에서 사용하는 거리 단위인 광년을 이용하면 지구와 달의 거리는 빛의 속도 1.2초밖에 안 된다. 빛은 1초에 지구 7바퀴를 돌기 때문에 우주에서 바라본 입장에서 정말 가까운 거리이다. 우리의 시간개념으로 이해하기 어려운 속도다.

지구 밖에 우주의 세상은 신비 그 자체다. 이제 우리는 우주와 에너지가 나와 연결되어 있다는 사실을 이제부터 알아야 한다.

에너지-〉우주-〉은하수-〉지구-〉개개인-〉몸속-〉기관-〉세포-〉분자-〉원자-〉에너지-〉우주

우주는 나 이외에 모든 존재이므로 나(지구), 관계(행성), 꿈(태양)이다. 그래서 '내가 존재하는 것만으로 놀라운 일이다.' 당신 스스로 믿어라. 그리고 인정해라.

> "지구상에서 가장 개발이 안 된 암흑지대는 아프리카나 시베리아가 아니다. 바로 당신의 꿈이다. 그대의 꿈이 한 번도 실현되지 않았다고 해서 가엾게 생각해서는 안 된다. 정말 가엾은 사람은 한 번도 꿈을 꾸지 않은 사람들이다."
>
> —에센바흐

꿈의 크기는 자기의식의 크기와 같다. 꿈을 가지고 성장하려면 자신의 의식(생각)부터 변화를 줘야 한다. 우주는 높은 밀도의 물질과 에너지가 폭발하면서(빅뱅) 탄생했다. 대폭발로 인해 퍼져나간 수많은 파편이 10억 년 정도 흐른 후 무리 지어 덩어리가 생기기 시작하고 밀도 높은 덩어리들은 은하로 탄생했다.

한 은하에 1,000억 개의 별과 행성이 존재한다. 우주의 중심에서 80억 광년의 거리 우주의 끝자락에 존재한 한 은하가 있다. 이 은하는 4,000억 개의 별로 구성되어 있다. 그중에서도 먼지만 한 별이 있다. 그 별이 태양이다. 그 주변의 수많은 별을 포함해서 태양계라 한다. 무한한 우주 속 지구는 창백한 푸른 점일 뿐이다.

코스모스는 우주의 질서이다. 우리는 코스모스에서 나왔다. 그리고 코스모스를 알고자 더불어 코스모스를 변화시키고자 태어난 존재이다. 인류는 대폭발의 아득히 먼 후손이다. 인류는 영원 무한의 시공간에 파묻힌 하나의 점, 모든 인간사는 우주의 관점에서 바라볼 때 지극히 하찮고 자질구레하기까지 하다.

-칼 세이건 《코스모스》 중

우리는 힘이 들 때 어디로 보는가? 달을 바라본다. 노래의 가사처럼 '힘이 들 때 하늘 봐' 우리도 알 수 없는 끌림으로 인류는 밤하늘을 그리워했다. 옛날 어른들은 꼭 중요한 일이 있거나 어려움이 있을 때 정화수 떠 놓고 달을 바라보며 빌었다. 고대 때부터 동서양을 막론하고 하늘의 존재 곧 우주에 대한 강한 믿음은 언제나 존재했다는 사실이다. 우주의 시작과 끝은 알 수 없다. 그러나 지금 존재한다는 사실만으로 경이롭다. 중요한 사실은 먼지만 한 지구에서 그보다 더 작은 우리는 모든 것을 얻느냐 잃느냐는 갈등에서 허우적거린다는 사실이다.

현재 2023년은 역사적 측면에서 볼 때 많은 변화가 일어나는 시대다. 코로나 유행이 부른 갑작스러운 비대면 사회는 비활동적인 새로운 직업을 탄생시켰고, 그로 인한 화상교육, 화상회의, 화상교류가 일상화된 시대에 우리는 금방 익숙해졌다. 이 변화 속에서 확장된 의식을 갖추지 못한다면 아마 점점 현실에서 도피하는 상황으로 내몰릴 가능성이 크다. 이럴수록 꿈을 아는 자는 가장 강력한 능력과 위치를 갖게 될 것이다. 눈에 보이는 것을 인식하는 것이 아니라 눈에 보이지 않는 것을 인식하는 능력을 키워야 한다. 다시 말해서 자신이 사용하는 단어에 틀을 깨고 다양한 문장 언어를 적용하는 노력을 해라. 그리고 모르면 검색하고 기록하고 더 나아가서 행동으로 옮기는 훈련을 많이 해라.

'의식의 확장은 당신의 마음을 움직이게 한다.'
-한미라 DreamSark

코로나 상황에서도 돈을 버는 사람은 있었다. 그럼 그 분야는 어떠한 분야이고 어떻게 하면 그 일을 할 수 있는지 찾아보고 검색하는 노력부터 해라. 모든 것은 탐색에서 시작된다. 그래야 이해하고 자신에게 필요한 것을 접목할 수 있고 그 비슷한 상황에 기회가 생길 수 있다. 처음부터 나는 이거 해야지 하면서 바로 하는 경우는 직업적으로 많지 않다. 모든 것은 실패하든 성공하든 경험에서부터 시작한다. 그러므로 자신의 편견과 선입견을 버리고 모든 것을 수용하는 자세부터 가지기를 바란다. 그리고 다시 달을 바라보면서 자신이 정말 진실로 원하는 것이 무엇인지 곰곰이 생각하는 시간을 가져본다면 곧 당신의 변화가 시작된다.

세계 명작동화 〈알라딘과 램프의 요정〉에서 지니는 소원을 3가지 들어준다고 하지만 원작에서는 소원을 몇 가지든 다 들어준다고 되어 있다. 지니는 곧 우주의 에너지라 생각하면 된다. 자신이 절실히 원하고 믿으면 우주의 에너지는 당신의 파장으로 불러일으켜 이루어지게 도와준다. 단, 자신의 감정을 신뢰하고 주변과의 관계에 긍정적 태도를 보여야 한다. 그래서 꿈은 우주의 빅뱅이다. 이제 당신의 꿈을 선택하고 표현하고 행동하면 된다.

꿈은 우주의 빅뱅이다

자신이 절실히 원하고 믿으면 우주의 에너지는
당신의 파장으로 불러일으켜 이루어지게 도와준다.
단, 자신의 감정을 신뢰하고 주변과의 관계에
긍정적 태도를 보여야 한다.
그래서 꿈은 우주의 빅뱅이다.

끊임없는 생각 즉 몰입은 삶의 미래를 결정한다. 나에게서 나오는 말의 향기와 느낌은 어느새 다른 이의 심장에 전달이 된다. 두근두근 떨림은 자신의 뇌에 신호를 보내어 눈빛으로 세상의 가치를 느낄 수가 있다.

어디선가 들리는 행복한 멜로디 소리처럼 내 귓가에 맴도는 흥얼거림의 행복감은 금방 알아차릴 수 있다. 반응은 나도 느낄 수 없을 정도로 빠르게 지속해서 흘러가고 있다는 사실에 자신 스스로가 놀라움에 금할 수가 없다. 세상 자연의 이치는 변화되지 않는다.

다만 자신이 느끼는 감정에 따라 자연의 이치가 변화해 보일 뿐 우리는 이제 자신의 중심에 자아를 찾고 서로의 느끼는 감정을 마주 볼 줄 아는 마음의 정신력을 키울 때인 것 같다.

때론 타인으로 인해 흔들리고 주저앉고 싶을 때도 있겠지만 항상 나 자신은 그 자리에 있다는 사실을 잊지 말아야 한다. 기쁨과 슬픔 또한 내가 결정하는 것이고 또 자신의 좌절과 성공 또한 내가 이어간다. 함께 어울리며 동반 성장할 수 있는 꿈의 공간이 좀 더 가까운 곳에 있다면 반드시 당신은 빠른 세상의 흐름 속에 느긋함과 놀라움과 신비로움을 맛보게 된다.

'나, 타인, 세상, 자연 우주에 반응하라' 그리고 잊지 말아라. 누구에게나 단점, 미운 점, 나쁜 점은 다 똑같이 있다. 우리는 이제 내 꿈을 향해 한 걸음씩 당당하게 나아가면 된다.

그대여 지금도 잘하고 있으며 잘 이어가고 있으며 다른 이에게 힘과 용기를 잘 전달하고 있다는 사실에 스스로 격려와 지지 그리고 극찬을 아끼지 말아라. '어느 아침 눈을 떴을 때 창밖을 보니 앙상한 나뭇가지에 작은 새 한 마리가 앉아 있었다. 난 몇 분 동안 멍하니 새를 보았다. 하지만 마음이 편안했다. 아무 생각하지 않는 나, 그저 내 감정이 전혀 들어가지 않는 나뭇가지와 작은 새 한 마리뿐인데, 난 그 순간이 참 행복했다.'

단순한 이런 반응은 자기 삶에 좋은 영향을 전달해주는 것에 우리는 스스로 반응하고 그저 느끼면 된다. 사람과의 전쟁, 일과의 전쟁, 시간과의 전쟁, 경쟁과의 전쟁에서 탈피할 수 있는 유일한 방법은 내 주변의 벌어지는 작은 사건이나 환경, 사물 등의 현상을 유심히 보는 것이다. 주위에 관심을 두고 바라보는 것만으로도 한걸음 뒤에서 여유를 찾을 수 있다. 작은 달팽이였던 내가 사소한 반응의 시작으로 엄청나고 당당한 코끼리를 옮길 수 있다.

달팽이가 코끼리를 옮기다

초판 1쇄   2023년 09월 25일

지은이   한미라
발행인   김재홍
교정/교열   김혜린
디자인   박휴은
마케팅   이연실

발행처   도서출판지식공감
등록번호   제2019-000164호
주소   서울특별시 영등포구 경인로82길 3-4 센터플러스 1117호 (문래동1가)
전화   02-3141-2700
팩스   02-322-3089
홈페이지   www.bookdaum.com
이메일   jisikwon@naver.com

가격   17,000원
ISBN   979-11-5622-826-4 03190